上師也喝酒？

The Guru Drinks Bourbon

宗薩蔣揚欽哲諾布 著
Dzongsar Jamyang Khyentse Norbu

Amira Ben-Yehuda 編　姚仁喜 譯

目錄

獻給所有的江湖騙子——
沒有你們，心靈之道將無聊至極。

虔敬即是佛
虔敬即是法
虔敬即是僧
虔敬即是母
虔敬即是父
虔敬即是上師
虔敬即是淨化
虔敬即是福德
虔敬即是道
虔敬即是果
虔敬即是舟船

虔敬即是彼岸
虔敬即是滿願寶
虔敬即是魔咒
虔敬即是盲目
虔敬即是覺醒
虔敬即是方向
虔敬即是方法
虔敬亦即終點

——宗薩蔣揚欽哲諾布

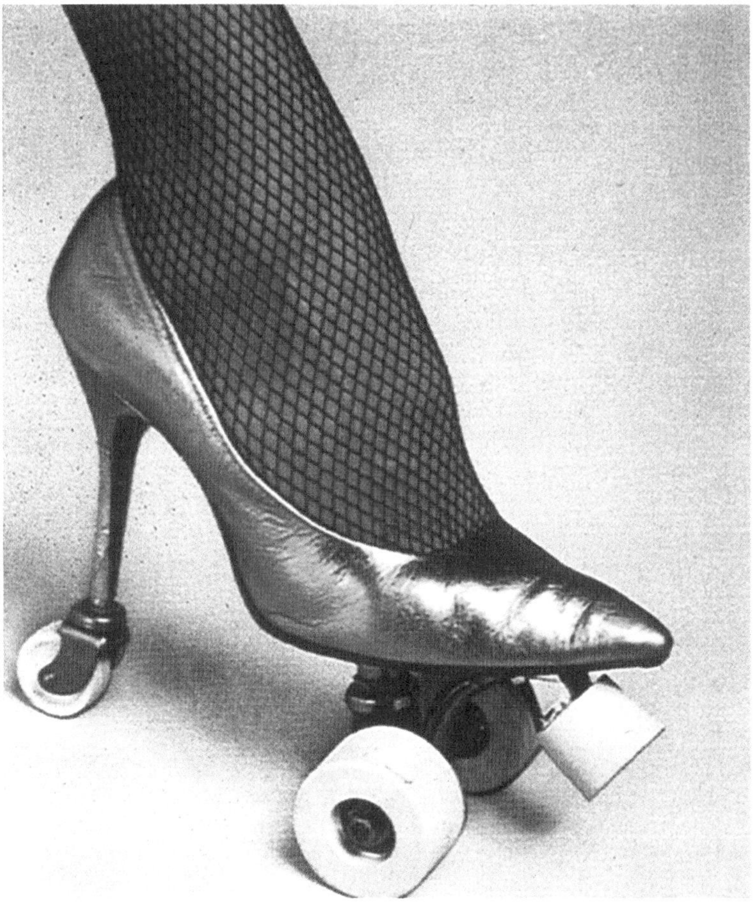

©Philip Garner

對上師的虔敬心，是殊勝金剛乘——也就是佛教密續——的頭顱、心臟、血液、脊骨與呼吸。金剛乘絕非是在鄉間安然的漫步；事實上，安全可能是我們最不關心的事情。金剛乘對於我執以及情緒的處理方式是極度危險的，有時甚至不擇手段。因此，在所有的佛教法道中，密乘之道極具冒險性。如果這不是冒險，那麼就沒有什麼可以稱做冒險的了。由於你正在閱讀本書，因此我假設你不是個怯懦的人，你已經選擇前來冒險。

前言

金剛乘是冒險之旅

你是否聽說過「西藏頌鉢」（Tibetan Singing Bowl）？它在西藏從來未曾存在過，直到某些狡猾而且善於包裝的人，利用大家對西藏的憧憬，無中生有地發明了這個東西。現在，你到處都看得到西藏頌鉢，似乎它就是西藏文化的一部分；甚至，在達蘭莎拉與加德滿都的藏人，都把這種假頌鉢當成自己的文化。這跟中國餐館裡的幸運餅乾一模一樣，本來不是中國的東西，而是美國人根據日本食譜所發明出來的。現在，甚至連道地的中國餐館也拿它來招待客人，好像幸運餅乾原本就是中國點心的一種。這就是我們現在所面對的問題：如果我們不經心，有一天，包裝精美而行銷優雅的非正統佛教，可能會被拿來當成真貨。所以，嚴格的檢視是非常重要的：嚴檢教法、嚴檢上師，以及嚴檢弟子。這也是我動筆寫這本書的原因。

同時，很重要的是要理解佛教中理論與修行的區別。理論是概念，例如：「一切事物既非自生也非他生」；而修行則是由技巧組成，例如：「打坐時身體要坐直」。理論與修行兩者經常看起來相互矛盾。理論鼓吹無參考點、無方向性，而修行卻充滿了參考點與方向感。但是，這些方向感卻能引導修行者抵達無參考點的無方向處。上師原則（guru priciple）是一個技巧，而非理論。事實上，它是至高無上的技巧。

雖然這本書也許能幫助弟子尋覓上師，或維繫與上師的關係，但是，切勿以為書上所說的技巧人人都能適用。本書也不是這個主題的定論，而只是我個人的看法而已。本書的架構，特別是第二到第四章，都是根據吉美．林巴（Jigme Lingpa）的教誨而來的。但是我所寫的，都來自於我與上師，以及我與所謂的「弟子」——事實上是一些由於業債而被我縛住的人——相處的經驗而已。因此，如果你以為佛教只是祥和、非暴力、吃素、正念、相信輪迴、打坐而已的話，書中所包含的「性做為供養」這種主題，可能可以給你一些震撼。

我也要指出，金剛乘的見地與法門既寬廣又豐富，因此我不可能完全一一解釋，但我期望你能有耐心讀完這本書，至少它可以幫助你對金剛乘的世界稍加熟悉。我希望你開始了解，金剛乘不只是咒語、儀軌、本尊、上師、壇城，以及密教性愛而已。

這本書是寫給那些自然地傾向於金剛乘的人，他們像密勒日巴（Milarepa）或寂天（Shantideva）一般，不滿足於尋常的邏輯與理性，也不認為我們所知的世界就只是如其所顯現的而已。這本書是給那些沒有時間去閱讀指南書籍的人；那些不相信地圖的人；以及那些有足夠的膽量，去依賴另一個人的人。它是給那些不尋求保護網的人；那些寧可讓別人從他們腳下拖走地毯，而不要安全感或方向感的人。它是給那些想要被改變的人。這本書也是給那些最初非常熱中於修持密乘佛教，但到後來才驚覺：若要步上金剛乘法道，他們就必須依賴上師做為嚮導的那些人。

如果某個人下定決心去依賴另一個人——不是去依賴神祇、機器、大自然或某種管理系統，而是去依賴一個需要沖澡、需要睡覺、會伸懶腰、會上大號，情緒多變又可以被賄賂的人——這如果不是此人所能做的最愚蠢的決定，那麼就是他最有收穫的事。如果一個人能有這種意願與堅持，那是天賦。能具有無疑的信心是一種天賦，能利用懷疑來斬除懷疑，也是一種天賦。這種天賦不是每個人都具足的。

紐舒．隆托（Nyoshul Lhuntok）的一位弟子，就有這種天賦。有一次，他幫上師洗衣服，發現上面有大便的污漬。他想：「噢！金剛持也會大便！」但他受過教導，弟子應該視上師為佛，因此馬上嚴斥自己：「我怎麼可以認為金剛持也會大便！？」但是，即刻地，他又斥責自己：「我這不是在阿諛奉承嗎？」隨即，他又再度責罵自己：「阿諛者」只是一個概念，一種畏懼，這是他最終得到結論。經過所有這些自我斥責之後，他仍然跟從上師，而且是全心全意的追隨，而非盲從。

一旦你開始了修持金剛乘的旅程，許多事情都可能發生，因此你必須有所準備。有信心很重要，但是持有懷疑、利用理性也是好事。通常，懷疑之後會生起信心，而信心之後也會生起懷疑，而後者的力量經常強過前者。終究，我們必須將二者都拋棄。

金剛乘是結合智慧與方便、結合科學與信仰、結合神話與真諦的道路。但是許多唯物論者，他們的眼光無法超越這一生，無法見到這些二元分別（duality）的非二元性（nonduality）。他們也許對於非二元深奧而廣大的理論相當尊敬，但是對於能夠送你抵達非二元的信仰與虔敬心卻完全輕視。他們能接受真理的推理邏輯，但對神話與儀式卻嗤之以鼻。他們似乎不了解，神話才是理解真諦的唯一方式，因為我們所說的一切，都是神話。

要將這兩種似乎無法結合的二元性結合起來，連金剛乘修行者也感到困難，或者根本不去嘗試。舉例說，許多人都運用這些方法，例如對上師頂禮、供養蓮花、雙手合十等；但他們只是當作儀式來做，而不運用智慧。禮拜是降服，但幾乎沒有人以真正的信心來做；他們並不會想：「我對著與我無二無別的本尊頂禮，同時本尊也在對我頂禮。」了知本尊與禮拜者無別不二，才是究竟的頂禮。

在本書中，我要試圖對讀者說明，事實上上師就像是地平線；地平線非常明顯，它是天與地似乎相交之處。但實際上，他們從未相交，所有顯現的只是一個終點的幻相，一個我們可以站立、可以度量、可以評估的參考點。依此，上師就像是智慧與慈悲、神話與真諦、科學與信仰之間的那條地平線。

名詞定義

對於本書中的一些名詞，新進的學生可能會感到陌生，甚至有些長期的學生也只是自以為了解而已。雖然我已經努力避免過多的佛教術語與專有名詞，但我仍然不想將它們過分簡化。況且，有些術語是無價的。

三乘

佛法的存在已經超過兩千五百年了。包括中國所有的朝代，耶穌基督在世的時代，十字軍東征的時期，第二次世界大戰，網際網路的誕生，以及無數的歷史事件之間，佛法一直都為人們所修持。它從包裹白布、赤裸上身、恆河沐浴者的土地開始，傳播到愛惜面子、孝敬父母、祭祀祖先者；到粗獷野蠻、毫無音感、一盤散沙的雪山居住者；到優雅細膩的極簡主義者；再傳到相信原罪、同時又相信「無罪推定原則」者。它興盛於心靈尋覓者占大多數人口的時代；在那個時代，走方的修士被眾人所尊崇，慷慨布施以供瑜伽士雲遊四海，就像今天贈予獎學金以供學生進哈佛大學研讀一樣高尚。在國王或皇后藉由宗教來榮耀自己、增強國力的時代，它曾經興盛；在吸食大麻、頭上插花的年代，它也曾興盛；在目前這個極端物質主義的時代，它也仍然興盛。

佛陀所有教法的基本目的，在於幫助眾生了知實相。由於眾生有無數的種類，對實相的誤解也有無數的種類，因此佛陀教導的法門也有無數的種類。這些法門有些略為不同，有些極端不同。長久之後，學者與歷史家為了方便起見，把佛陀獨特的教法概略地以語言、內容或教導的地點加以分門別類，因此，我們才有現在所謂的佛教派別或法乘（yana）。

佛陀曾經對教法分類提出過警告，因為有了分門別類，就會開始滋生偏好。如此一來，不可避免的，某種教法就會被認為比另一種教法低下。大家開始分門別派而產生優越感，例如：你是PC還是蘋果電腦的使用者？雖然如此，我們在整本書中，為了必要並且避免混淆，仍然必須用一些分類的字眼。主要的，我們會討論到一般公認佛教的三乘：聲聞乘（例如上座部）、大乘（例如禪宗），以及金剛乘（例如日本真言宗或藏傳密乘佛教）。

在中國與日本等地的大乘佛教徒，以及在泰國與緬甸等地的聲聞乘佛教徒，並不完全贊同金剛乘佛教徒的上師法門。事實上，他們不同意金剛乘中的許多法門，這要歸功於他們擁有佛陀的話語來支持其觀點。佛陀在《法句經》中說：「我無法祛除你們的痛苦，你們必須祛除自己的痛苦。」他也說：「我無法分享我的證悟給你。」他又說：「你是自己的主宰，沒有其他人能當你的主宰。」在菩提伽耶大覺塔的銅匾上，朝聖的人可以看到佛陀的這些話語鐫刻於其上。聲聞乘與大乘佛教徒服膺這些佛語，因此對密乘的上師系統多有指摘。他們認為密乘的上師系統似乎應允了有個外在的主宰可以祛除痛苦，甚至還可以賜予證悟。對他們而言，上師虔敬法門違背了佛陀所說的話。

然而，從金剛乘的觀點而言，上師—弟子的關係與佛陀的話語完全吻合。上師虔敬的法門做為金剛乘的精髓，有其原因。本書將會說明，它與佛陀所言並無矛盾：因為密乘弟子了解，究竟上，上師並非是外在的。

因道與果乘

我們常稱密乘或金剛乘為「果道」（result path）或「果乘」，而稱聲聞乘與大乘為「因道」（causal path）。這些名詞有什麼含意？

假設有人給你一個籃子，裡面有幾粒雞蛋以及蘑菇、乳酪與洋蔥。他告訴你：

「這是做烘蛋的配料。」「配料」一詞意涵這些東西是烘蛋的「因」；烘蛋的潛能就在籃子裡。然而，一位大廚師可能不想多費唇舌來解釋籃子裡的東西，因為他已經看到這就是烘蛋。因此，以他的經驗與心智，他只會說：「這是你的烘蛋。」

「這會成為烘蛋」或「這就是烘蛋」這兩種說法的差別，在於前者缺乏某種信心，缺乏廣大的視野。這些語意看似無關緊要，但它們非常重要，因為語言與文字反映並形塑我們的態度與信念。舉例說，形容某人時，選擇使用「他可以成為一個好人」，比起「他是一個好人」，會給人完全不同的反應。我們任何所說、所寫的內容都是如此：不同的人對每個字句都有不同的詮釋。因此，像「慈愛」、「悲心」、「修心」、「虔敬心」、「祈請」、「功德」、「道德」、「加持」等字眼，尤其是本書的標題：「上師」，在聲聞乘、大乘與金剛乘之中當然就各有意涵，因此也會造成不同的態度。

在因道，也就是聲聞乘與大乘，它告訴我們：我們具有成佛的「潛能」，也就是說，我們具足了所有的配料。但是在果乘的最高教法，密乘的巔峰，它告訴我們無需做任何改變或準備，無論你是誰、你是如何，你就是佛：事實上，各個眾生皆是佛，各個場所皆為佛土。因此，具足正確根器的密乘弟子，會視自己的上師為佛，並且利用這種理解，做為發覺自己是佛的方便法門。這種感知（或「顯相」perception）是雙向的。當密乘上師給予弟子灌頂時，純粹是在具足「弟子皆是佛」

的信心下所進行的。

大家可能納悶：「如果密乘上師與弟子都已經是佛，他們還做什麼？為甚麼還要修持佛法？為何還要對上師虔敬？」在這個世界上，大多數人的福報都不足夠，所以從未被告知他們就是佛——連一次都沒有過。根據經典，能聽聞或閱讀到這個真諦，是你累世的善業所致。但是，你真正相信嗎？如果你相信，你依此而行嗎？對於「你就是佛」的理解，你是否具有經驗上的信心，而不只是智識上的信心？

我們所要的，並不是讀到「眾生皆佛」這個句子之後，就把書本闔起來，放回書架上了事。追隨法道真正的意思，是要行止如佛、思慮如佛、安住如佛、示現如佛、如佛一般傳送簡訊，如佛一般傾聽友人嘮叨，如佛一般在雜貨店排隊付錢，如佛一般穿著禮服參加白金漢宮的晚宴。即使面對的是唐納．川普（Donald Trump）或者波布（Pol Pot），也能持守「眾生皆佛」的覺知；即使身處曼谷的拍蓬街①或拉斯維加斯，也能持守「處處皆為佛土」的覺知；培養這種紀律的技巧，就是我們所說的金剛乘，也就是果乘。

在果乘，因為一切現象都同樣的清淨而圓滿，因此上師與弟子之間沒有沒有區

①拍蓬街：曼谷著名的紅燈區。

別—他們都是佛。一位持斷見的牛津學者，一位持常見的梵蒂岡教士，一位喜馬拉雅山上的瑜伽士，同樣都是佛，他們之間沒有一絲一毫的不同。即使如理查．宮布禮奇（Richard Gombrich）②或史蒂芬．巴切樂（Stephen Batchelor）③者，只要弟子具足恰當的根器，說不定從他們身上也能萃取出加持來，但是其中的因緣必須完美，效果才會呈現。如果某個街上的老張遇見了諾姆．杭斯基（Noam Chomsky）這種無政府主義者，但是因緣不恰當的的話，那麼杭斯基要引領老張證悟的機會就微乎極微。到頭來，他還是找一個具有上師裝備的人比較安全。對老張來說，一個在納瑪爾達河畔④，坐在老虎皮上、亂髮披肩的瑜伽士，或者至少一位容貌祥和、端坐於榕樹下的比丘，都會比一位犬儒學者或語言專家來得有機會讓他點燃某種啟發的火花。

老張的業力會決定他的法道，這超越了單純的選擇。有些人比較傾向下功夫尋求心靈啟發的火花，而有些人則比較傾向藉由閱讀諾姆．杭斯基之類的著作，來追求知識分子自瀆的滿足感。這些不同的傾向以及緣分，都受因、緣、果的影響，它是一種特殊型態的業力，藏語稱為 tendrel⑤，我們在書中稍後會討論到。

在大乘與聲聞乘的因道中，並沒有提到上師與弟子的合一不二；但在金剛乘中，所有的修持就是要證得上師與弟子合一不二。「合一不二」並非指一起旅行、一起睡覺，或一起淋浴；而是像瓶子破了，瓶內的空間與瓶外的空間因而合而為一。在這種狀況下，不再有一個你需要在全世界各處追逐的上師，也不再有一個思念上師的「你」。如果你覺得這種概念很難下嚥，很可能是因為你太珍惜渴望上師的那種情緒。你可能認為如果不思念上師就是冒瀆不敬，因此你緊抓著這種「分別」不放。若是如此，也許因道會比較適合你。

在因道中，上師恰似一個模範、一個理想；他是你禮敬與尊崇的對象，也是你供養與追隨的對象。做為大乘佛教徒，無論你如何崇拜上師，你絕對不會發願在此生證得上師的境界。可能你會想要取得上師資格的認證狀，藉此來向他人炫耀，但不會有證得上師證悟境界的真正願心。禪宗佛教徒絕對不會宣稱他的上師就是「佛」，或就是「法」。對他們而言，老師是他們尊敬的教師、授戒者、引導者。禪宗沒有任何法門能夠教導行者發願與導師合一不二，這不在他們的菜單上。

在密乘中，上師可以是模範、偶像、授戒者，甚至老闆，而且還不僅止於此。在密乘中，行者發願自己成就上師的境界，而那個境界與證悟的意義相同。上師就是道、上師就是法、上師就是佛、上師就是本尊。事實上，密乘在究竟上，上師就

②理查・宮布禮奇（Richard Gombrich）：一位牛津大學佛教學者。
③史蒂芬・巴切樂（Stephen Batchelor）：一位英國佛教學者。
④納瑪爾達河（Narmada River）：印度中部的大河，傳統上以此分開南、北印度。
⑤tendrel：概略意義為「有利的緣起」。

是一切：從富士山顛一直到你腳底的塵土。清涼的微風、夏日的蟬鳴、一曲交響樂、日、月、星辰、宇宙；一切都是上師。說得更準確一點，在心意範疇內，可觸及、可照見、可想像的一切，皆為上師。而照亮這一切的，也就是「心」本身，就是內在上師。

竅訣教授

你是否買過一個例如電鍋的新器材，說明書中鉅細彌遺地敘述了關於這個電鍋的一切，但是你想知道的那項功能，卻在花了幾小時翻遍了它之後，才在第三百頁出現？誰能有時間與胃口去閱讀它？一個更容易、更省事的方法，是去找個熟悉電鍋的人，不花幾分鐘他就能將主要的功能示範給你。而且，電鍋說明書的對象是廣泛的大眾，因此它也只有一般性的功用，並不能照顧到各種不同的飯食者——比如有十五支手指的人、有三隻眼的人，或烹飪大廚等。

相同地，對學佛弟子及修行者而言，如果有時間，閱讀佛教經典、論釋及密續等會有一般性的助益。但是每個人的需求不同，因此他們可能會花費很多的功夫才能找到所需要的開示。或者，他們可以找到熟悉佛法的人，一位真正具有傳承的上師，他以個人化的竅訣教授，教導他們真正需要知道的東西。這種竅訣教授由蓮師、

這不是一本讓讀者照著一步步去做，類似照相機或電鍋使用手冊的書。

那洛巴、阿底峽、毘魯巴⑥等大成就者無間斷地一脈相傳，直至現今的上師。

善巧的上師使用竅訣教授時，會選擇適合特定文化或習氣的方法，並且將教法加以創新或微調，以適應各個弟子特定的需要。密乘上師與弟子善於運用這種教授方式，因為他們深知一生中時間有限，雖然了解研讀廣大佛法的利益，但是對法道具有絕對的信心與信任之後，他們寧可不再到處追逐，而將時間投注於針對修持的珍貴竅訣教授上。

能夠將研讀理論與接受竅訣教授這兩者加以平衡是最好的，這與學習開車相同。每部車都有車主手冊，每個新車車主都會花上個把鐘頭去理解車子怎麼使用，儀表板上的每個東西是什麼，如何設定定速駕駛等。這本手冊可以告訴你有關這輛車子的各種功能，但它不會告訴你如何開這輛車。要知道如何開車，你需要有一位駕駛教練才能教導你。

老練的駕駛教練能夠調整標準的教法來適合不同的學生。也許有一名學生因為不急著考駕照，所以他一週上一堂課就滿足了；而另一名學生可能想要迅速學會，所以排了整週的密集課程。兩個人都學會了相同的技巧，而且都考取了駕照，但方法稍有不同。或者，可能教練在早上八點的那個學生老是打哈欠，課程一開始老是犯錯，但到結尾時卻又都開得很好。幾堂課之後，教練可能會建議學生在七點四十五分上課之前喝杯咖啡。這就不是學生在車主手冊所能找到的資訊。而對另一些開始上課就緊張焦躁的學生，咖啡可能是最不應該喝的東西——反而，淺酌一口瑪格麗特雞尾酒可能更能達標。

在這個例子中，車主手冊就像是密續教法及其理論，駕駛教練就是上師，而上課前喝咖啡就是竅訣教授。竅訣教授是對弟子獨特的教授，因此變化多、花樣多、非正統，而且經常不完全合乎邏輯。它們相當具有彈性，而且有時候極為戲劇化、異常誇張。

在披頭四綁著馬尾辮子，年輕人流行穿著喇叭褲、吸食大麻、使用植物性香皂、留長手指甲的時代，空氣中存在著一股叛逆的自由氣息以及反抗既存系統的傾向。在那同時也存在著一種心靈探索的傾向。此時，出現了秋陽・創巴仁波切（Chögyam Trungpa Rinpoche）。他要求所有反越戰的弟子穿著卡其制服、打領帶、穿西裝還配胸針。他甚至要求弟子，像當年英國軍隊占領美國土地時踢正步。他把日本文化中的優雅與單純，結合英國的殖民風格，強行加諸於他那些前往烏石塔克（Woodstock）的嬉皮弟子身上。乍聽之下，這都相當瘋狂，但創巴仁波切極其善巧，每個要求都是他的竅訣教授。因為這些竅訣教授都立基於無染的見地，而且以智慧、

⑥毘魯巴（Virupa）：印度八十四大修行者之一。

善巧與悲心來設計，因此非常成功。而且在他與弟子之間，充滿了真誠的福德、虔敬心與慈悲心。有誰會想到，在全世界的人類中，接納了他的教導的，竟然是這些反制度的叛逆者。

現今，情況已經不同。如果由不同的上師、在不同的時代、處於不同的環境、缺乏堅實的見地做基礎，又沒有真誠的心願要解脫他人，卻仿效穿西裝、踏正步、帶胸針等完全同樣的技巧來教導的話，就會顯得相當荒唐，像是兒戲。自從秋陽．創巴仁波切之後，已經有許多模仿他的行止者出現過；但是事實一再證明，要示現「瘋狂智慧」者，本身必須完全清明。獅子跳躍之處，狐狸最好遠離——否則，狐狸只會摔斷肋骨而已。

如果一位禪宗老師在正確的時候詢問正確的弟子：「單掌拍手的聲音是什麼？」那麼這個似乎荒謬的問題，可能是一個深奧而珍貴的竅訣教授。同樣的，像是「前行」（金剛乘傳統的先修功課）、自觀為本尊、控制呼吸、繁複無盡的建構曼達、焚燒食物、穿戴護身符、以情緒（煩惱）為道、不視情緒為敵……等法門，所有這些都可以是深奧而具竅訣性的。唸誦金剛乘咒語與單掌拍手的聲音兩者一樣地荒謬，對著鼻下人中專注呼吸也同樣沒道理，但是咒語可以像強大的胡桃鉗子一般，摧毀你世俗念頭的硬殼。

雖然這些教授都很重要，但是更重要的是學習如何去了解佛法的理論。回到學開車的例子，人們經常說：「小心開車。」這個建議很好，也是所有開車的人想要的，但是如何才能小心開車，卻沒有清楚的說明。事實上，「小心開車」是一個理論宣言，可以有各種詮釋。各個不同的駕駛由於不同的理由，應該有不同的小心方式。

在「前行」中，有積聚十萬遍大禮拜的修持。很多人完成它而獲益良多，有些人卻不需要做這項修持。舉例說，密勒日巴大概就沒做過十萬遍大禮拜。相反的，他的上師瑪爾巴（Marpa）連一句佛法都不教他，要他先把石塔建完再說。當石塔終於建完後，瑪爾巴又叫密勒日巴將它拆掉，從頭再建一次，而且如此反覆了好幾次。密勒日巴所忍受的這些無理的對待、不合常軌的建造方式、強迫的苦行，以及語言、身體與情緒上的虐待，都是瑪爾巴特別針對這位弟子的方法。瑪爾巴嚴厲的命令與密勒日巴絕對的服從，感動並啟發了無數的後人。這個故事本身就是有關「不問問題」的竅訣教授，但是這並不代表尚未成熟、尚未證得成就的導師，就應該開始命令學生到處造塔。

一位得道的上師要弟子完全切斷染污，可能會叫他在摩根史丹利鴻圖大展的香港弟子，放棄這份別人夢想的工作，而到印度果阿邦（Goa）去，在街上販售手繪明信片維生。或許，他也會為了讓弟子能在此生證得實相，而叫一個住在澳洲拜倫灣，生性怠惰又具有左派理想主義傾向的嬉皮學生，前往紐約蘇富比拍賣公司去規規矩矩地上班。無論是做大禮拜，放棄舒適的生活，或是做違反常理的事，目的都完全相同：要將「幻相」這個設計完美的機器加以解構。

所有這些方法都可以達到目的。我們不需要堅持所有想要推倒二元之牆的金剛乘弟子，都必須依照西藏傳統，做足十萬遍大禮拜才行。那就好比認為所有的駕駛都應該在上車前喝杯咖啡一般。然而，如果不做大禮拜的理由是因為你認為那是設計給西藏人的，或者你認為趴下來又起身十萬遍會把你累垮，那麼你只是在欺騙自己而已。若是如此，你就不應該做十萬遍大禮拜，而應該做二十萬遍大禮拜！在修行上，絕對不要總是選擇容易走的路；對你心中的欲望，要以殘忍與無情對待之。

上師

在古代的印度，人們帶著真誠的禮敬心來使用「上師」一詞。如果上師不是救世主，那麼他至少是可以信任、能夠仰賴的人。心靈上師讓人聯想到智慧與蔽護，他們引導你在真理的道路上前行。如今，「上師」一詞卻常與權力、性愛、金錢、虛偽，以及在西藏特別多的：法座、錦袍、侍從、金頂寺廟等有關。「上師」一詞已經被縮減為描述一個人，而非法道，也非技術了。

如同前面所說的，我們在理解事物上，語言與定義具有重大的影響。因此，討

©Michal Jerzy

快速道路

當你從一個城市旅行到另一個城市時，使用快速道路有它的好處。小路可能可以帶領你到某些地方，但你也可能最後繞不出來。上師虔敬就像101快速道路的入口斜坡，一旦開上去了，你就可以輕鬆一點。沒有上師的話，你迅速又無痛地抵達證悟終點的機會就不太大。你可能會困在崎嶇的道路或輪迴的沼澤上，還可能誤以為那就是涅槃。

論「上師」（guru）的各種意涵是很重要的。在梵文中，guru這個字的涵義很廣；計程車司機互稱guru，學生稱呼老師guru，但是密乘佛教所用的guru，其含意不只是「朋友」或「老師」而已。同時，guru也不同於「教士」或「活佛」。

中國人還有一種稱呼叫「法王」，但這種稱謂與佛教無關，它只是文化的產物。這種稱謂的流行，造成西藏人瘋狂地追逐這個頭銜。試想，如果梵蒂岡有高達一百位的教宗，有些還十歲不到，連自己的鼻涕都不會擤，那種光景，就是目前西藏人追逐頭銜所得到的結果。

即使藏文「祖古」（tulku），意即「顯現」；以及「揚希」（yangsi），意即「再現」或「轉世」，它們與「上師」的意義也不相同。只因為某人是教士、是「活佛」、是祖古，或是揚希，並不意味著他就是大家所應追隨的現成上師。

本書的結構

這本書由三個主要的部分構成，另加一個章節給那些膽子夠大，認為自己也許可以是上師之材的人。我在書中藉由提出問題，希望能幫助大家訓練銳利的分辨能力，我也提供了一些工具來分析上師、追隨上師，進而能將「上師」這個現象轉化為修心的技巧。閱讀此書，也許能幫助你對進入「上師—弟子」這種關係的冒險及其意涵，以及擁有這種關係可能帶來的利益有更充分的了解。

選擇上師、追隨上師，以及修持自心

當然，你不能期待當你讀完此書，就能學到尋找上師以及評估金剛上師的確切步驟與準則。到頭來只有你能做決定，而且這個決定的基礎，可能完全超越單純的邏輯與理性。你最後選擇某人的原因，可能只是因為他不吃大蒜或不咬口香糖而已。

為什麼我們要去找有這麼多問題及不確定性的人類上師呢？為何不買個DVD播放器，反覆聽聞預先錄製的法教就好？或者加入網上課程？或者讀幾本書？如果你的目的是要搜集學術知識的話，這些方法確實都很好，但是你必須知道，這麼一來，你就不是走在心靈之道上。即使只是學習內觀禪定，在螢光幕上看著一個陌生人告訴你：「吸氣……呼氣……坐直……」，你只能學到很有限的程度。如果你想要從根拔除迷惑染污，那麼影視教學大概不足以勝任。在你瀏覽色情雜誌或賭博時可以關掉或反轉的任何指導，都無法達成目的。一個心靈教練必須在不可預期的時間與地點，讓事情脫離常軌，讓你既成的模式完全顛覆。

若有人說：「我不須要外在上師，就像佛陀說的：我就是自己的主宰。」那麼他就是過於簡化了佛陀的話語。如果你仔細檢視，所有說過「我是自己的主宰」的大修行者都有過上師。釋迦摩尼佛有燃燈佛做為上師，蓮師也有八位持明上師，他們從未否認過。

如果有人堅持他們就是自己的上師，我們可以試著再去多加觀察；也許他們真是如此，但這種機會相當渺茫。有一些方法可以用來檢視這種説法。舉例説，已經能夠自我主宰的人，他們不會排斥對其他上師的禮敬。事實上，他們會像真正的戰士一般，對其他上師更加禮敬，因為他們具有充分的自信心。反而，宣稱自己就是自己上師的人，很可能是深沉的不安全感之體現。

許多人懷疑「上師」，其原因可以理解。有些欠缺福德的懷疑論者，無法理解上師的道理；也有一些人，即使對最純正的上師也具有強大的反感。

並不是追隨佛法之道的每個人都需要有密乘上師，這是有選擇的。如果你不追隨密乘之道，就不需要密乘上師。如果你成長於強烈道德感與清教徒式的環境，因而對心靈導師該做什麼、不該做什麼有先入為主的觀念的話，也許就不見得能接受金剛乘的法道。但是，如果你決定要尋找密乘上師，就必須了解他可能會帶來的結果。

切記：婚姻可以安排，但愛情無法安排。好丈夫的料子，不一定就是好情人的料子。上師必須像丈夫又像情人。但是，為了要指出你的真實本性——也就是佛——上師會比較像情人。由於明顯的原因，尋道者通常會在頭銜與名號之中尋找上師，而不會到El Haram⑦、紐約蘇活區或某個加油站裡去尋覓上師。上師的任務是要把遮蔽你真實本性的面紗移除，而具有這種能力的人，可能就隱藏在我們眼前的任何地方，而不一定只在寺院或崇高的法座上而已。

在現代社會中，尤其在西方，服從一位上師的這種概念會令人感到不安。有些人會毫不遲疑而驕傲地帶著科學家或經濟學者去參加社交宴會，所有人也會歡迎並尊重他們。然而，這些人比較不會介紹自己的心靈上師給同一群朋友，即使如此，他們也不會期待大家都能輕鬆地接受。除非談的是瑜伽老師或功夫師父，否則現代人不會因為自己有個上師而引以為傲，朋友們可能還會以此而開他們玩笑。與科學家或經濟學者作伴，比較沒有負擔。

在科學家／經濟學者與瑜伽士／心靈導師之間，如果可以計算誰對環境的破壞較大，那將會很有趣。自命為上師的人縱然危險，但是科學家或經濟學者對這個地球以及人類所造成的長期傷害更為嚴重。但是，我們還是會持續地珍視他們、尊敬他們，頒獎給他們，跟他們做朋友，並且還要他們參與影響整個世界的決策。

選擇上師，並且決定追隨他直到證悟，與墜入情網而結為夫妻一樣，過程會充

⑦El Haram：開羅的紅燈區。

滿不安、刺激、酬賞又具毀滅性。你知道那是一個冒險，但也因此能讓你破繭而出。這是你的旅程，你選擇了密乘法道，所以破繭才會發生。將你的生命放在上師手中，比在媒妁婚禮中等待掀開面紗還要可怕。我們的驕慢與我執，將從此坐立不安，完全不知道下一分鐘有什麼事情會發生。

一旦選定了上師，你可能需要一些如何信守這種關係的指南。這就像婚禮之後的下一步。因為，理想上，在你的餘生，你將與這個人持續相見；你有一輩子的機會來對這個人的行止感到詫異，也有許多機會暴露出自己一直隱藏的事物。因此，我們來討論如何追隨上師。

一般人在決定步上密乘法道時，常常會對究竟的目標失焦。他們常糾纏在到底要不要有個上師？如果有的話，上師來自哪個傳承？或者他們關心自己的上師夠不夠多。擁有上師不是究竟的目標；究竟的目標是要證得正覺。要達到這個目標，我們需要調服自心。

在佛教的各種訓練與紀律中，修心被公認是最主要的修持。為了修心，很多方法因而產生，比如：修持出離心，幫助你培養對世俗事物的厭離，並增長對心靈生活的珍惜；另外，修「止」幫助你安住而不放逸，或者至少讓你發現自己一直都是多麼的散亂，藉此修持讓你的心變得柔順；還有例如「內觀」這種更高深的修持，讓你看見身體、感受、想法、價值的真實本性。這一切佛教的精要修持，都總集在上師之道中。因此，我們修持上師虔敬的法道，應該將它視為一種深奧的修心法門，而不是以負面的含義，視其為降服、跟從，甚至奉承阿諛。

逐漸熟悉上師的整個過程，就是法道的一大部分。一個人從渴求找到上師，到尋找上師時的掙扎，一直到將自己的一生放在某人手中的脆弱感，每個階段事實上都與出離心、專注力等修持相互呼應。這就是無法想像、不可思議、卓越美妙的密乘法門。

史黛西（Stacy）以及上師的加持

很久以前，有一次我到澳洲，住在我的學生史黛西⑧家中。她生命中想要的，幾乎圓滿無缺：有個房子、有輛車子，還有身為銀行經理的理想職業。但她真正渴望的，是一段浪漫的愛情。她是相當虔誠又老道的學佛弟子，知道向上師請求世俗的事物太過卑微，但在這件事情上，她不說又不行，於是就對我傾吐了困境，並且請我幫她卜個卦，也幫她祈禱。因此，我就說，我會幫她念念祈請文。但是……我

⑧史黛西：本書中各個例子的人名，若有巧合，存屬虛構。

並沒有這樣做。諸位：我不是故意的，由於行程太緊湊了，所以我就忘了。

那一週稍晚，有個名叫尼克（Nick）的荷蘭籍盧安達裔性感壯漢，前來聽我開示，結果他們兩人就在一起了。史黛西的生命突然燦爛而刺激起來。有一天早晨她來見我，頭髮蓬鬆但面色紅潤，熱切地感謝我的幫助。我跟她說：「這事與我完全無關。」可是她聽不進去。我又如何能辯駁？她真的相信是我把尼克送到她面前。這是「上師的加持」，她說。

史黛西在感謝我的時候，我要辯駁是有理由的。當我第一眼看到這個人，就嗅到麻煩。但是因為她太神魂顛倒了，所以完全視而不見。果不其然，我一離開澳洲不久，他們倆就散了。史黛西寫了信給我，懺悔所有她過去累積的惡行。她很確定失去情人的原因是由於她的惡業，或者是我給她的懲罰。我說我不同意她的看法，可是她不聽。我想說，如果有任何關連的話，那麼，從心靈的角度而言，是她的善業導致了尼克離開她。即使從世俗的角度看，她只需要看看每次在餐廳付帳時，他掏出錢包所花的時間有多長就夠了。他每次都等到史黛西拿出了錢包，才好不容易拿出他的。而且，如果他不小心先拿出來了，通常也只是荷蘭式的（go Dutch），各付各的帳！

我很納悶，如果史黛西堅持所有的好事都歸功於上師，為何她看不出來尼克的離去也是一個加持？

囚禁而獲得解脫

如果你最終的目標是自由——或者解脫、涅槃，不論你怎麼稱呼它——降服於上師似乎跟你的目標完全背道而馳。但是我們有些人相信，屈從於這種束縛，事實上是抵達究竟解脫的最佳方式；要讓自己在法道上前進，將我執交到具格上師的手中非常必要。

說起來很諷刺，但是降服於上師——全然、毫不保留的降服——是自由的一種形式。它的好處是你不再需要尋找方向。在上師—弟子關係中，永遠會有一種責任感來禁錮你，但這種禁錮是你自己的選擇。仔細想想，當你在外毫無約束時，你會不知所措，不知道如何利用所有的自由。但若是你在牢獄裡，限制在四面牆壁之中，加上作息時刻表，你就有界限。這就是所謂的「法道」，它給你方向。

當然，由於這種情況而產生濫權或造成虐待是有可能的，然而，一旦你全然而清醒地降服，你可能對上師的某些示現與作為不會認為是濫權虐待。如果你想要圓滿證悟，就不能擔心虐待。我執從一開始就與你相隨為伴，一直到解脫為止。但是當你越接近證悟，由於逐漸走出我執的陰影，以及逐漸卸除我執的禁錮，你變得更為解脫。很諷刺的，讓你踏上這條旅途的伴侶最終需要被拋棄。到那時，濫權虐待的定義就會有所改變。如同我們使用止痛藥「虐待」頭痛一般，你會視我執為病灶，會以智慧來虐待它。如果你擔心被虐待的話，那麼就是下意識地想要保護我執。這不只在金剛乘如此，在聲聞乘也同樣有這種觀點。

假如你告訴家人或非佛教徒朋友說：你處於一個降服禁錮的狀態中，你讓某人虐待你的我執，他們可能會嚇得驚慌失措。但是，我們假設你是具有某種程度的成熟與清醒，你是睜著眼睛來選擇這條法道的。

上師重要的特質之一，在於能否善巧地根據你的能力與程度來指引你。如果你尚未準備好，密乘之道就不應該將直接你全速地送往摧毀我執的道路上去。事實上，如果不依照弟子的根器而量身定制教法的話，密乘上師就是破毀了密乘戒，這被視為是上師嚴重的錯誤。

由於這個原因，密乘之道必須以前行及密集的修心開始。這些修持的目的，在於使用我執的語言來牽引我執。舉例而言，在前行中修持對三寶的皈依，可以視為是強化「我執」這個概念的機制，因為它暗示有個「自我」需要被保護。接下來是修持菩提心，它要求你把皈依擴展到一切有情眾生，這是在教導我執：一己的需求不是那麼重要。如此，你逐漸地處理我執，給它越來越少的養分，而最終將它完全摧毀。

在西方，密乘上師沒有一個明顯的對等角色，但「仁慈的專制者」可能是好的類比。經由民主程序選出來的總統，縱然可能既博學聰明又重視資訊知識，但是為了民主，為了滿足每個人的願望與要求，又要維持民調指數之下，他會終日忙得團團轉。最終，他無法為國家成就太多事情。反之，仁慈的專制者可以依照他自己清明的判斷，偶爾也可以無視某些政治不正確的事，讓他可以做快速的決定。長遠來看，他可以更有效地領導國家。

類似地，密乘上師會有效而權威地引領弟子，但這只有在弟子確定要追隨他之後才會如此。好的密乘上師會讓尋道者完全自由地去分析他，甚至還提供必要的工具來讓他們好好地檢視他。只有在上師知道弟子已經全心全意選擇了他之後，他才會跳過規範、道德以及一般社會認可的行止。為了你的利益，上師開始發號施令。這就是大悲心。

我們獨立思考的方式經常既淺薄又可悲。如果你遇見一個可以讓你證悟的人，卻耿耿於懷他有，譬如說，偷竊癖或厭女症，那是很不幸的。拿證悟來交換對這種價值觀的堅持，值得嗎？

佛陀的弟子並非個個都像舍利子或大迦葉一般，呈現出赤足托缽、身相祥和的形象，這是令我們隨喜的事。自古以來，我們就有類似古古拉加（Kukuraza）⑨、竹巴．昆列（Drukpa Kuenley），以及多．欽哲．耶喜．多傑（Do Khyentse Yeshe Dorje）等上師。我也崇敬大成就者達利．嘎巴（Darikapa），他是娼妓的奴僕，身為佛教徒，我非常驕傲他是我們的一員。在《維摩詰經》中，釋迦摩尼佛說，蓮花只有在淤泥中才會生長⑩。我們不能忘記這句話，否則，佛教將會成為清教徒式的道德系統，自認是一個有組織的宗教，還想成立一個國家。

消滅先入為主的假設

幾年前我看過一個漫畫，有一群弟子到山頂上去拜見一位瑜伽士。這位瑜伽士面前擺了一瓶波本威士忌。弟子們看見了，個個面露驚慌，其中一人說：「噢！上師也喝酒？」這個漫畫精確地描繪了「上師應該身為道德模範」的這種先入為主的觀念。如果上師喝酒、吃肉或有女朋友，弟子們常常因而感到訝異；但是在密乘中，你不能有先入為主的假設。事實上，先入為主的假設是一個弱點，密乘佛教會先玩弄它，最後再將它消滅。

⑨古古拉加（Kukuraza）：為印度八十四大成就者之一。

⑩文殊師利言：譬如高原陸地，不生蓮華，卑濕淤泥，乃生此華。

©Dan Fantom

先入為主的假設是一隻老鼠，密續是那隻貓。

雖然有些人因為金剛乘包含了性愛的形相以及酒精而排斥它，但也有些人因為同樣的理由而選擇此道。也許他們認為比起其他法乘來說，金剛乘比較不厭惡女人。對這些人而言，大乘與聲聞乘把男女眾分開的傳統是一種厭女症，而且也是一種宗教極端主義。你不能說某個法乘是對的、某個法乘是錯的。但是，如果你對上師應該如何行止有強烈的看法，那麼你可能不適合密乘。泰勒愛上蕊姬的原因，很可能就是邦邦討厭蕊姬的理由。同樣的，某位上師吸引你的所有個人特質，很可能就是他把別人嚇走的理由。

有一回，我對一位西藏朋友旺秋（Wangchuk）說，我看過十六世大寶法王吃「沾菸」⑪，然後將菸汁吐在細心折好的小紙張上。當時，我是充滿了讚嘆跟他說這件事情。對我而言，連這種類似卡車司機的行止，大寶法王都如此地優雅而莊嚴！他的這個習慣：高坐在法座上，然後將這噁心的東西塞入嘴巴，讓我留下了很深刻的印象，而且是很好的印象。許多人都懷念他廣為人知的對鳥類的鍾愛，但我對他這個吃菸的習慣一樣受到啟發，讓我增長了虔敬心。但是旺秋一聽我這麼說，馬上否認法王有這種習慣，他堅信法王絕對不會碰香菸。最後，當我終於讓他信服了之後，他乞求我不要把這個故事告訴別人。我只好問他：「對你而言，他現在不夠美好了嗎？你寧可要一個不吃菸的大寶法王？你要我將這件事當成秘密？」好像大寶法王還需要我們來保護，以免聲譽不佳似的。

不只旺秋如此。我們每個人都要我們的領導人是完美的。

當我把大寶法王吃菸的習慣告訴尊貴的頂果欽哲仁波切時，他叫我下次有機會，把他吐掉的菸草收集在一個信封裡，用這個珍貴的東西做成護命符。可惜的是，後來我再也沒遇到這樣的機會了。

如果你認為收集別人吐掉的東西很噁心的話，在佛教裡還有無數的法道可供選擇。也許，走在一條肯定你的信念、價值觀與道德倫理的心靈法道，你會「快樂」一點。但是，如果你朝向的是最高的目標，不只限於拯救世界或破除我執，而是要解脫一切眾生的話，那麼你可能是修持金剛乘的完美人選。與其做一個循規蹈矩的人，安於平穩無波的法道上，你應該有膽量去追隨那個設計用來顛覆你、摧毀你舒適圈的法道。而且，你應該堅定保持那種膽量。

---

⑪沾菸（英語：Dipping tobacco）：又稱濕鼻菸（moist snuff），一種菸草製品，將菸草經過研磨、切碎，加水浸濕後製成。屬於無煙菸草的一種，以蘸（dip）或搓（rub）的方式，用食指及拇指從罐子中取出菸草，置於嘴唇與牙床之間，直到菸草溶解。

©Sarah Lucas

慈悲的密乘上師之功能，是來解構你先入為主的假設。所以，對意料之外的事，心裡要有準備。

1 以上師為法道的基礎

一個人尋覓上師所投入的過程，應該是整個旅程最重要、最有收穫、最具挑戰性的部分，因此需要有耐心。事實上，尋覓本身就應該被視為法道。

深思熟慮進入曼達

如果你正在尋找上師而閱讀此書，或者你對了解上師有興趣，那麼你很可能就是法道中人，這也就意味著你並非完美。因此要記住：所有你下的決定，都是由一個不完美的眾生所下的。對於我們這種不完美的眾生，指引、圖表、藍本或地圖等，都很有用。我們需要一些參考點，來幫助我們決定什麼是好上師、什麼是壞上師，以及什麼是好弟子、什麼是壞弟子。

對於剛起步的人，很重要的是：不要隨機就認人做為上師。對金剛乘有好奇心的人，不應該馬上跳進去接受密續灌頂。一旦你主動請求接受灌頂，有意地進入那個曼達之後，灌頂上師就成為你的金剛乘上師了。

你可以慢慢來，不用急。蔣貢．康楚．羅卓．泰耶（Jamgön Kongtrul Lodrö Tayé）說，如果你渴望上師，但是還在尋覓的話，你總是有我們共同的上師——釋迦牟尼佛。向他祈請，祈願適合你的上師或上師們能出現，前來引導你。

外在上師：最「佛」也就如此了

在金剛乘之中，上師有三個面向：外在上師、內在上師，以及秘密上師。先對這三者有清楚的了解，再邁入這個以上師為覺醒法門之道，是很重要的。根據薩迦大師昆秋．龍達（Könchok Lhundrup）的解釋：外在上師是你看得見、可以與之溝通的真實的人，從他之處，你領受口語或象徵的教法與指示。外在上師「最『佛』也就如此了」（as Buddha as it gets）①。內在上師是你心的本性，換句話說，就是不在思惟著某個「東西」，但單純地覺知，絕對地現前的心。而秘密上師，就是一切現象的空性。

內在上師與秘密上師不具膚色，他們沒有頭銜、沒有法座；他們無形，所以無法穿戴織錦法袍；他們不受心情、態度、文化所限制。雖然如此，由於他們缺乏這

①「最『佛』也就如此了」（as Buddha as it gets）：意即你所能接觸到的最接近佛的人。

©Dove Bradshaw

學習無法教導的學問

從前在古印度，有個父親叫兒子去跟隨附近的一位大師學習。兒子依他的話去做，過了幾年，他也變得跟大師一般地博學多聞。但是當兒子終於回家拜見父親時，父親不但沒有高興的來歡迎他，而且還面露不滿。兒子不知道父親為何不高興，因此就告訴父親說，大師確定已經把所有他能教導的，都教給他學會了。「這正是問題所在。」父親說，「你學會了一切能教導的東西，現在，你回去學習那些不能教導的東西。」於是兒子回到大師處，大師也很高興地又接受了他做為弟子。

些特質，反而在我們心中增加了價值感，認為他們比正牌真貨更高貴。由於外在上師可及、可愛，因此他們不可避免地變得複雜；他們有心情、有態度，還有手機號碼；他們比較不神秘，因為他們疲倦時會打哈欠、想睡覺。然而，這三種上師的顯現，無論是外、內、密，都同等珍貴，三者之間無高下之分。

在金剛乘的道路上，我們以想像、編造、假裝、冥想我們的外在上師就是佛做為開始。藉由想像之力，我們看見上師的膚色一如釋迦牟尼佛的金色，或如金剛總持的寶藍。我們可能會看到上師有多隻手臂，就像密乘本尊一般；上師的性別也從男性轉換成女性，或女性轉換為男性。經過一陣子，我們才開始看見此一活生生、會呼吸的人為佛。

但是這個「看見」，可能跟你想像的相反，它並不必然代表上師會以金色或寶藍色的身體出現在你家門前。它指的是你將不再一如從前，把他看為尋常、二元分別的人來互動。那麼，你將如何「看見」上師？傳統的說法是：你與上師的互動，會是「色即是空、空即是色」的直接經驗；它是「智慧」（jnana）與「身」（kaya）的融合。這個解釋並不難懂：你只要想像與某人從首次相見的陌生人，到墜入愛河，一直到兩人成為情人這期間的感知所歷經的轉化，就能了解。當你的感知轉變，體驗也會跟著改變。

到了有一天，當你對上師的感知能夠真正地不再受到限制時，你對顏色與形狀也會從有限的感知中解脫出來。金色與菜瓜布的顏色將不再有分別，千隻手臂也不再引起迷惘或尷尬，事實上，你會覺得完美的人只有兩隻手臂是很可笑的。到了這個階段，你不再擔心事物的各種大小、重量或性別等屬性，它們的重要性頓然消逝無蹤，就像蕁麻湯一般：一旦煮熟了，你就不必再擔心蕁麻的毛刺了。

然而，上師並非一個獎項，視上師為佛也不是故事的終了。只滿足於這樣的結果，就違背了佛陀的話語。只聚焦於佛，就像只注意到指著月亮的手指，而不直接見到月亮。當我們認知己心即佛，那才是最終的勝利。此時，你成為自己的主宰，你不再尋覓、尊崇、追隨或服膺某個特定的人或物，這是金剛乘光榮的獨特性。如果缺少了認知己心即佛，那麼金剛乘就只是一個具有嚴重缺陷的法道，與「金正日主義」也就相去不遠了。

平夫人

在台灣的平夫人擁有一切世俗所欲之物，她的衣櫃中掛滿了名牌服裝，其中許多標籤都尚未拿掉。在台北，她可以在最繁忙的時刻，在最後一分鐘要到最好的餐廳的最佳席位，而且還不需要預定或用電話告知，只要叫秘書處理就成了。她一生從未用過公共運輸系統，因為永遠有個司機開著車等候她。

在某個程度上，這些生活上的便利也拓延到她的心靈世界。由於她的慷慨與護持，她不需要尋找上師，反而上師都會來找她。許多重要的喇嘛經常都要見她，她也可以一通電話，就在任何時間求見到各個不同的「法王」（H.H.）。因為如此，她各方面的自我都受到很好的「按摩」，她也因而感到滿足。

很有趣的是，像她這種地位的人，可以用許多其他更榮耀的方式來獲得自我按摩；但是縱然其中可能會有痛苦，她還是選擇了心靈的方式。在她尋求榮耀與真正尋覓解脫之間，有種複雜的混合；她很確定這是唯一有意義的事。她具有這種真正的欲求，倒是滿令人訝異的。

許多造訪台灣的喇嘛都被寵壞了。他們在平夫人幫忙訂了最高級的餐廳之後，在最後一刻又要她取消。他們住進五星級酒店套房，一住好幾個月，從不看一眼帳單。由於她的財力，她輕易地就買了單。她幾乎希望大家都知道這些事情，因為這是她實際能做的事。對她而言，這只是花點錢而已。但是，這裡也存在著某些危險，因為當中的某個上師可能會跟她說：「從今起，妳不可以再吃螃蟹了。」但她必須維繫社交生活，不吃螃蟹會造成很大的麻煩。諸如此類的事情會讓她稍微感到不便，但是她還是持續她的心靈之道。

最近，平夫人對這些外在上師的各種要求開始感到不耐，因此她現在最喜歡的題目是內在上師與秘密上師。她正試圖脫離對外在上師的依賴，有某個人指揮你的生活是很可怕的，特別是如果你慣於指揮他人的生活的話。突然之間，有個凡人在那兒告訴你該怎麼做。諷刺的是，她想要了解內在上師，但她所能討教的，也只有經由外在上師。如果想要確知她與內在上師是否已經成功的連線，也只有靠外在上師才能確認。

人類橋樑

如果「外在上師就是佛」這個觀念超越我們的理解，那麼認知內在上師與秘密上師就更為無邊無際。一開始，我們對上師的這三種面向，只能在智識上有些模糊的理解；要真正了解內在上師與秘密上師，我們需要有個橋梁從此岸延伸到彼岸，才能將自己聯結到內在與秘密上師。這唯一的橋樑，是一位我們可觸及、可看見、可分享經驗的人，他可以做為我們的參考與典範，他擁有知識與熟悉度，可以將內在與秘密上師介紹給我們。這唯一的橋樑，就是外在上師。

我們與上師的關係絕對不會單純。我們都有期待與恐懼的習氣，而且每個人都背負著不同的文化與個性。只要我們還受到這些二元分別的束縛，我們就還是染污的；而只要我們還是染污的，與上師之間的關係就會是複雜的。

由於被尋常染污的感知所蒙蔽，因此我們視外在上師與一般人無異：你喜歡的鹹魚比薩他也喜歡，但他愛喝你不喜歡的濃烈咖啡。當你做錯事時，他會露出不耐煩的樣子。他雖然是個凡人，但出生地與你的不同，所以既陌生又有趣。如果你是一個天真又易於受騙的弟子，容易著迷於形色與種族的話，你會覺得愈有異國情調愈好，最好連膚色都跟你的完全不同。但話說回來，如果太超過了也行不通。

超越人類

因為我們都是人，都會尋求熟悉性，所以我們很難接受上師「超越」人類。我們都希望上師的外型跟自己相像，也喜歡我們愛聽的情歌。另一方面，我們希望上師獨特又超凡，但又不能太獨特又太超凡。如果他有三隻眼睛，我們會不知如何是好。我們買禮物送給上師時，會想像他收到時的驚喜；但我們又希望他即使不是遍知，至少也要有他心通，早就知道我們會送他什麼禮物。我們的心相當複雜。所以，上師必須具有兩種功能：一方面做為可以講道理的凡人，另一方面又要具有引領你超越人類狀態的所有善巧。上師必須是一半凡人、一半聖者才行。

因此，功課落在你這邊。當然，你將上師視為人類不會有任何困難，因為你已經有這種習氣；但是你需要藉由「視」他為超凡的人，努力地讓他成為一個混合體。無論是經由自我教育，或是讓自己逐漸習慣，你必須盡己所能來視他為超凡的聖者；而最重要的，你必須具有福德與能力來這麼想。這就是我們有修心法門與上師瑜伽的原因。

超越二元分別

雖然有很多人對上師期望過多，例如經常要求世俗的情感支持或指引，但也有一些人完全拒絕人類上師。似乎他們不敢跟一個活著的人產生關係。他們會說「我是自己的上師」這類的話，而且利用方便又合理的藉口說，一切都是心的本性，包括上師在內。但是只要稍加質問，就會發現他們對「心的本性」根本毫無概念。

我認識許多歐洲的中年人，他們非常排斥讓他們從小就染上「原罪」病毒的亞伯拉罕宗教。這些人在二次大戰後的青少年時期，對此開始產生叛逆。其中有些人因而對佛法感到興趣，他們很喜歡「一切唯心」、「你是自己的主宰」這種概念。直到今天，這些信念還是契合他們的反叛性向，也符合他們對組織性宗教的厭惡。從智識上說，這些原亞伯拉罕宗教尋道者雖然不再相信原罪，但是由於從小所受的教養，他們對於罪惡以及不淨的感受仍然相當強烈。這一類的人會有過於熱中內在上師與秘密上師的傾向。

認為內在與秘密上師就足夠的這種人，通常在智識上稍微偏向斷見，他們很可能是來自高度控制、目標崇高、望子成龍的家庭，不喜歡有一個強大的角色對他們頤指氣使。

另外還有那些喜歡被指揮的人，即使是日常事務，他們也不相信自己的判斷力或內在的聲音。就算只是去雜貨店買點東西，他們的心中也會充滿懷疑。這種人通常有點懶惰，只要腦袋裡出現任何小事，都要詢問上師的指示。這一種人應該學習信任自己，減低對上師的依賴。當他們更加信任內在與秘密上師之後，可能還會發現自己更依賴、更愛戴自己的外在上師。

究竟而言，如果你的心靈目標是要獲得證悟，那麼內在上師是否足夠的這個問題，對你無關緊要。但是有個簡單的方式可以得到答案：如果你能克服一切外境因緣，那麼你就不需要外在上師，因為到了此時，反正所有的顯現與覺受都已生起為上師。反之，如果修行者無法控制外緣與外境，那麼他就需要各種修心的修持，他就必須有人來引領、有人來戳刺、有人用湯匙來餵食。

如果想要知道自己是否會受外境或外緣控制，你有無數的方法可以自我測試。譬如說：跳過中飯不吃。或者，如果你是男的，試著在公共場所戴著胸罩遊走；如果你是女的，試著穿妳在臥室用的拖鞋去參加盛宴；如果你已婚，試著能否忍受別人捏你太太的屁股；看看自己是否會被他人的讚譽、批評、忽視或聚焦而左右。如果你被刺激了、被鼓動了，被弄得尷尬不安或被激怒了的話，那麼你還是受制於習氣與文化的控制，仍然是因與緣的受害者。

當你所愛的人死了，或者你想建立的生活方式崩垮了，這時，你所理解的內在與秘密上師很可能無法撫平你的痛苦，你對「色即是空、空即是色」的理解也無法慰藉你。在這種狀況下，你需要導入新的「因」來對抗這些「緣」。由於你對內在與秘密上師的理解只在智識層面，所以你無法請他們來幫忙。此時，外在、實體、可接觸的上師就非常必要了。

只要你還處於需要外在的朋友與情人的狀態，只要你還被貪戀或道德判斷這類的外在障礙所干擾，你就需要上師。基本上，只要你還具有二元分別的心，就不用欺騙自己，認為內在上師就足夠。當你到了真正可以與內在上師溝通的時候，你將幾乎或完全離於二元分別，因此也不會對外在上師感到厭惡，或受到吸引。

因此，直到你至少掌握了內在與秘密上師的要義之前，外在上師是必要的。當你證得了內在與秘密上師之後，你甚至再也無法找到外在上師了。到了這時候，平夫人再也找不到需要她幫忙訂房的人了，但她也不會因而感到失望。

依法不依人

佛陀跟阿難說：

- 依法不依人
- 依義不依語
- 依了義不依不了義
- 依智不依識

理想上，我們是因為知道佛法可信，才步入法道來追尋佛法。我們被佛法所啟發，而不是被導師所啟發；我們被真理所吸引，而不是被宣說真理的人所吸引。

你可能會問：「這跟金剛乘認為上師是最主要的有任何衝突嗎？」這個答案值得一而再地重複：在金剛乘中，你將上師轉化成為不僅只是一個人。上師即是法道。

什麼引導你步入佛法之道？

每個人步入佛法之道都有不同的因緣。從前，有個叫做倉央．嘉措（Tsangyang Gyatso，不是第六世達賴喇嘛）的年輕土匪，結夥偷了某個旅人的一群馬，因為他在匪徒中年紀最輕，因此負責把馬群趕上一座陡峭的山。其中有一批母馬懷了孕，無力爬上陡坡，倉央．嘉措在暴怒之下，一刀剖開母馬的肚子，胎中的小馬因而湧出而掉落在地上。母馬咽咽一息，但牠還用最後剩餘的一絲氣力，用鼻子推撫、用舌頭舔淨那隻剛出生的小馬。這個母愛的光景，讓這名土匪的心中生起了極大的愧疚心與震憾，於是他折斷了手上的刀、丟棄了身上的槍，最後成為偉大的囊謙．措尼仁波切（Nangchen Tsöknyi Rinpoche）的弟子。

至於偉大的囊謙．措尼仁波切，他原本出生於富貴的家族，但因家人染上賭博，輸掉了所有的家產。走投無路之下，他們開始偷竊行搶，最後，包括偉大的囊謙．措尼本人在內，全家都被逮捕，丟進囊謙監牢中受苦挨餓。從最富裕的家族一下子掉落為一群竊賊，讓他深刻地體會到生命的無常。他在監牢中親身經歷並見證了極大的痛苦，引導他後來步上法道，成為大修行者，更成為一位偉大的上師。

時間拉到最近，在二〇一五年，有一段索甲仁波切（Sogyal Rinpoche）與他的弟子跳舞的影片在社交媒體上傳開，即刻引起了騷動。觀察這些反應很有趣：有些人認為他圓滾滾的很可愛，有些人認為他很愚蠢，還有些人認為這段影片是對佛法全然的污辱。但也有個台灣青少年在YouTube上看到後，心想：「佛教徒可以在寺廟中跳舞，這真好！」他因而皈依了佛法。

顯然地，各種不同的狀態、場景、能力以及緣分，都能讓人轉向佛法。

福德與業力

在金剛乘的法道上有雙重的挑戰。其中之一，是金剛乘極其廣大而深奧。佛法之道既深且廣，巨大的經藏、無數的釋論、複雜的主題（如般若、中觀、量論等），加上古代印度哲學大師的辯論，都需要多年的研究才能理出一點頭緒。即使要得到粗略的理解，都需要相當認真的研究才行。只有經由聞、思、修，才有可能一窺這些法教的真義。

另一個更巨大的挑戰，在於法道其實無比的單純、赤裸，而且直接。佛陀教法的精髓，也就是心的本性，非常難以理解；但其難以理解的原因，並非由於它的複雜，而是由於其無可忍受的赤裸本性。要理解實相的一種普遍的方法，是經由釋論、分析、辯論及研究。但是，我們愈是利用學術與智識的方法來理解這種單純，就愈加容易誤入歧途而產生誤解；更糟的是，我們建立起一套自己信服的概念，而誤以為這就是那個單純。因此我們必須努力積聚福德，因為這是培養對這種單純產生信心的唯一方法。但是我們大多數人都必須先說服自己：積聚福德真的有用。

我們需要記住：我們的目標並非只是要理解這個單純；絕對不是。好的上師對理解力高的瑜伽士，還是會訓誡或嘲弄他。因為瑜伽士不應只滿足於理解，而應發願讓自己「覺受」實相。但是，勇敢的上師對瑜伽士所珍視的覺受還是會棄之如敝履。最上等的瑜伽士在「證得」實相前，絕對不應該罷休。那麼，所謂的理解、覺受與證得之間，有何不同？要知道這個答案，你就需要一位嚮導、一位上師。

最終，只有你自己才能決定什麼人可以引領你，可以讓你解脫，可以調服你的情緒，可以減少你的私心，可以增長你的證悟功德。因此，你做決定的官能必須清晰而敏銳。你應該要自我準備，訓練好自己的分辨能力。法道上的修行者所能用來做決定的工具中，智慧（yeshe）與福德（sonam）最為有用。而且，如同龍欽巴尊者所說，在這兩者之中，積聚福德最為有效，至少在初始時是如此，因為它最容易掌握，有很多事你可以具體地去做。福德的增長可以加強你的分辨力，而知識與分析所能提供的卻反而有限。

當然，在決定某人做為上師之前，你應該對他加以分析；決定步上法道之前，你也應該對此道路仔細研究；但最重要的，你要有基本的心靈緣分才行。如果沒有緣分，上師—弟子的關係就不會存在，這是強迫不來的。精進研習、聽聞開示、勤做筆記都有一定的效果，但是與佛法的緣分，不能只靠智識努力或學術研究就能創造得出來；特別是想要成為密乘修行者的話，與上師之緣不可或缺。業緣不是你能夠依循某種系統就能自我訓練出來的。

「緣」的世界非常複雜。當你在加德滿都看到一群身背相機、暴發戶狀的蘇俄旅行團從五星級酒店出來，準備去波達那佛塔（Boudhanath）或猴廟（斯瓦揚布Swayambu）觀光時，你幾乎可以打包票，他們之中絕對不存在絲毫對佛陀的虔敬心，因為你知道他們都是忠實的東正教基督徒。但是由於繁複的因與緣，他們千里迢迢來到尼泊爾，而且即將在導遊的帶領下繞行波達那佛塔，途中還會看見各種唐卡與佛像，也許還會在小巷中撞見偉大的瑜伽士。光是這些，就會種下緣的種子，或許在五百世之後會成熟結果也說不定。

如果某個蘇俄旅人在看到波達那佛塔上所繪的大眼睛時，不期地產生了好感——不只是對異鄉的讚嘆，而是一種真正祥和的感受，那麼這份緣就更強烈了。也許他會因而買本書來，看看這位稱為喬達摩的人，在兩千五百多年前到底說了些什麼。這些決定會更強化緣分。更好的是，如果恰巧有菩薩或修行者坐在一旁祈願：「願所有的眾生與佛法結緣。」這種願力絕對會讓蘇俄旅人的業緣成熟。這就是為什麼身為修行者，我們應該要多做祈願的原因。

你在尋找什麼？

在你開始尋找上師之前，必須先弄清楚自己的意圖。就像所有的事情一樣，發心是最重要的。你為何要尋找上師？

最低限度，尋求上師應該出於對世間生活的厭棄。如果不是厭棄，至少也要知道世間的成就並非最終的答案。比這個更好的發心，是對心靈生活具有熱誠與信念，並且對理解實相有積極的追求。而最好的發心，是具有如戰士一般的態度，不只為了自己，也為了一切眾生而發願理解實相。

為了如此宏大的旅程，你需要有個嚮導、有個教練、有個能告訴你如何抵達目標的人。你需要有個能支持你、糾正你、拉走你腳底下的地毯，而且不讓你誤入歧途的人。這是最理想的發心，它能讓你立即知道應該尋找哪一類的上師。

好的上師會分析弟子的發心，看他們是否真正為了證得解脫。反過來，弟子也必須分析上師，看他們是否對弟子的解脫有興趣。當上師檢視弟子的發心時，也許會發現除了尋求解脫之外的其他目標；這沒關係，但是證得解脫必須是最重要的目標。

許多人受到佛陀的智慧、見地，以及佛教哲學所吸引，但是他們卻不為佛教師父、上師以及其他各種附帶的事物所感動。不可否認的，佛教老師也是人，因此不一定會引起尋求啟發的人對他感興趣。但每個人的偏好都不同，有些人被佛陀的智慧所吸引，但卻不喜歡佛像、修持法門以及各種道具。有些人認為密乘的圖像不道德；也有些人不喜歡面貌祥和的比丘，因為他們看起來「太道德」了，因而讓人覺得：「我永遠無法變得那麼純淨。」許多人被端坐在座墊上的人所吸引，有些人卻畏懼念珠。

雖然你心中可能尚未有清晰的形象，但你可以試著思考心目中理想的心靈法道與心靈導師是什麼樣子。一位密乘上師？顯教上師？或只是一位善知識？還有，對你來說，心靈修持人的典範是什麼？也許你心中有某些偶像存在。你是否見到簡單而戒行清嚴的修行人就會受到啟發？還是你心胸寬大，不在乎誇張炫目的瘋狂上師？你能接受嘴裡裝著金牙、身穿亞曼尼西服、手帶勞力士錶，還配備著各種最新電子產品，展現極度俗艷口味的上師嗎？你希望你的上師高高在上、不沾世事嗎？你希望他是你的模範？如果上師跟異性約會讓你在法道上分心的話，那你就應該避免會跟異性約會的上師。

已婚或單身、是僧伽與否，上師與你之間如何互動，全看你的偏好來決定。也許你只要有人能回答所有的問題就滿足了；如此的話，大學教授可能就足以擔當這個任務。事實上，他們更能提供歷史資訊，還能附帶詳細的註釋與參考資料。而且如果你追隨他們，還可以免去持守三昧耶的多餘包袱。

因此，尋道者在一開始就應該思索他們想從上師那裡得到什麼。如果你信守某種原則，認為上師生活不應該奢華的話（這是完全可以理解的），你就應該要注意這件事。

釋迦牟尼佛選擇赤足行腳、托缽乞食的方式與大眾溝通，有他的道理。清嚴簡樸的生活是一種安全的措施，但並非保證。在目前，你可以拿這種示現做為支撐，你可以受到節制與純淨的道德所啟發，你可以尊敬一個不像你一樣放縱的人。特別是初學者，選擇受戒的比丘或比丘尼做為上師通常比較安全而無漏洞。

但是你確定要一位苦行僧做典範嗎？穿著素樸布衣、手持念珠，甚至還托著缽碗？你是哪一種人？如果你不是苦行者，就很難與苦行僧溝通。貓可以跟貓對話，但貓無法跟魚溝通。所以，如果你是喬治．索羅斯（George Soros）的妻子，而上師是密勒日巴的話，你們之間的溝通大概會存在著巨大的鴻溝。你也許會仰慕密勒日巴：「噢！那位深山中偉大的苦行者！」不過大概也僅此而已。這對你的證悟幫助不大，有點像在謀殺犯家中掛上聖雄甘地的照片一般。

再說，如果你有一位持戒禁慾的上師，他帶領你安全地從A點（起點）走到Z點（終點），但就在接近Y點的時候，他忽然變得不那麼持戒禁慾了，那你怎麼辦？如果知道他可以帶領你達到目的，你會因為他的改變而拋棄他嗎？也許他決定不再禁慾，是為了要顛覆你而做的善巧方便。上師的弱點可能會讓你不悅或產生懷疑，但引起你失望幻滅的原因，可能正是他能啟發你的原因。

也許你認為上師應該像一本詩集，讓你在閱讀後受到啟發，它讓你想到某位在喜馬拉雅洞穴裡修行的隱士，即使你的一切都與他完全相反，你希望永遠不需要睡在寒冷又充滿蝙蝠的山洞，但是你還是有所感動。若是如此，那麼你可能不是弟子，而只是浪漫主義者。如果那位安詳地住在洞穴的隱士突然高興地拋棄一切，前往世界銀行當總裁，你還會受他啟發嗎？如果他這麼做的原因是上師對他的要求，那就代表他是個完美的弟子。

事實上，上師所投射的形象不是那麼重要。你無法根據上師的外貌清嚴與否來做確切的決定。一位財大氣粗的上師也可以給予你真正需要的證悟。某個生活奢華，某個對盤中肉來自哪一部位都要吹毛求疵的人，也許是你最佳的嚮導。他所珍惜的，他的見地、他如何實踐見地，他如何不被與見地相反的事物所干擾：這才是你應該仿效的，才是你的模範。你應當被這些特質所吸引。

你之所以被上師吸引，是由於他的財富？他的名聲？他的美貌？他的友善？他的隨和？這些都不是選擇上師的理想原因，但同時，我們也不要一下子就抹煞這些特質，因為你的心靈旅程經常是由於這些外在的東西才被觸發。

我們研習、聽聞、思惟、閱讀或接受法教的主要目的，是要讓我們能夠明智地自我檢視。身為不完美的眾生，我們無法永遠信任自己的念頭與判斷，無法對自己所做的一切都說得出道理。但是對自己尋找上師的發心加以反省與思索，即使僅只

©Metropolitan Museum of Art

佛陀要回了他的珠寶

你不會在教堂的壁畫上看到聖方濟（St. Francis of Assisi）在玩俄國輪盤的遊戲：這會激怒他的信眾。同樣的，當上座部佛教徒在拉薩看到覺沃佛像頭上戴著頂冠，他們都不能接受。在他們心中，佛陀最偉大的事蹟之一，就是他出離了一切舒適與財富。但是在拉薩最神聖的佛殿中，佛陀似乎竟然把他的戒指與珠寶都要回來了。

是些微的，也不會有任何壞處。事實上，在漫長而危險的上師—弟子關係旅途中，它可以幫助建立良好的基礎。對自己的發心與目標提出質疑，不見得會就能免於迷路，但它至少是良好的安全措施。

對上師的虔敬心

常有人說，密乘是給上等根器弟子的。這並不表示你需要有較高的智商才能修持密乘。你擁有多少學位、是否有能力算出星辰的數量或破解魔術方塊，都與上等根器無關。在密乘中，最上等的根器是虔敬心。聞、思、修、研習、分析等，是尋道者的一般方法，但是最終，只有在自心離於參考點、文化執著與價值觀，並且離於邏輯、辯證、條理、推測、理性與假設等包袱時，對空性的真實了悟才能生起。這就叫做虔敬心。在所有可能的種種上等根器中，虔敬心最為上乘。月稱菩薩在《入中論》第六章第四偈頌，以此描述聽聞龍樹菩薩教法者所應具足的特質：

若異生位聞空性
內心數數發歡喜；
由喜引生淚流注
周身毛孔自動豎。

上等的方法：實際的與更實際的

金剛乘提供了兩種積聚福德的殊勝法門：培養對眾生的悲心，以及生起對上師的虔敬心。我們當然可以藉由禮敬佛陀來積聚福德，但是對於初學者，這個概念可能太過抽象；我們沒見過佛陀，也不認識任何人親見過佛陀，他純粹是我們的想像。反過來說，你親眼見過你所遇見的上師，也能跟他溝通。你可以將他想成佛陀——不是釋迦牟尼佛，而是「你的」佛——如果你的福德只能承受這麼多的話。逐漸地，隨著你的能力更為有效，上師的投射也就更加殊勝。因此，上師是積聚福德的最佳途徑。經由上師，你可以有個人的接觸、個人的關係，你可以與他互動。在密乘中一而再地強調：即使禮敬上師的一個毛孔，也比供養成千上萬諸佛的福德還大。

對我們很多人而言，對一切眾生生起悲心相當抽象，對上師生起虔敬心則比較實際可行。即使我們對「一切眾生」能生起某種模糊的概念，但我們的悲心可能只延續一、二天。對一切眾生隨時生起悲心非常困難，但是對自己選擇的上師生起虔敬心就較有可能。我們對眾生的悲心常常被偏見與投射所遮蔽，反而，對上師的虔敬心經常始於景仰、敬畏、遵從或啟發，雖然可能時有時無，但它非常個人化，而且不抽象。

上師不勾求虔敬心

大部分的金剛乘弟子都自認他們對上師有無盡的虔敬心，但是，實際上他們的感覺比較像是仰慕，這與他們對具有相同道德標準的政治人物的仰慕是相同的。這不只不是虔敬心，事實上還相當危險。如果那位政治人物忽視了你，或甚至做了不道德的事，即使只有一次，下次你一有機會可能就不再投票給他。相同的，如果上師在某個時候不再慰藉你，你也會想更換上師。這種變幻無常的狀態，促使政治人物不停地在競選道上奔波，迫切的想要證明他們的價值，到處發放空頭諾言，讓每個人都覺得自己很特別。然而，任何一位上師都不應該為了想要勾出弟子的虔敬心，而像競選般地四處奔走。

在上師—弟子關係初始時，某種敬仰心自然會出現，但是要如何超越喜歡上師的感覺，而生起真正的虔敬心？你可以從檢視自己的發心開始。先不談令一切眾生證悟吧，你追隨上師的原因，至少是為了尋求自己的證悟。但是許多人接近上師，他們的發心並非這麼的直接了當。

我們都知道發心單純的那種感覺。想一想上回你肚子餓了，決定去餐館吃飯。你大概一下子就選好餐館，想法子去到那裡，看一下菜單，點菜，然後吃掉。但是有太多的弟子，他們的發心基於相當複雜的議題，而非直接針對證悟。舉例說，有些人發心的一大部分，是渴望獲得上師無止盡的關注；但這只會帶來痛苦。擁有五百個弟子的可憐上師，總會要關注一下其他的學生，而無可避免的，那些他當時不關注的弟子就會覺得受到欺騙、拋棄，而且非常地不快樂。

虔敬心與業力

對上師具有虔敬心，就是信任因、緣、果的定律，換句話說，也就是業力。當我們對業力的了解愈深入，我們的虔敬心也會因而增長。如果對業力欠缺理解，就會誤以為業力與虔敬心背道而馳；或者會產生失敗主義的症狀，誤以為痛苦無法改變，一切都已註定，因此上師虔敬心沒有意義。

然而，業的原則絕不欺瞞。如果正確的因、緣、果都具足，事情是可以改變的，就像生蛋可以被煮成熟蛋一樣：當清水、熱源、正確的烹煮時間都具足時，我們不會懷疑蛋不會被煮熟。對於這個過程、這種科學，我們並非盲目的信任，而是很自然地就相信這種經驗。相似地，我們對上師能夠帶領我們直至證悟的信心，也不是偽裝的。虔敬心並不是將生蛋放在盤中，然後假裝它是熟的。若是如此，那就是「笨蛋的虔敬心」。

無論你是誰，無論你知道什麼，無論你是客觀的、批判的、科學的、迷信的或宗教性的人，我們都相信某些事情。所有的人，即使最具批判性、最不輕信任何事情的人，也都相信他們自己的理性與邏輯的「神」，相信個人對真理的判斷。除此之外，人還有什麼？但無論是信仰、信任或虔敬心，不管你怎麼稱呼它，其中大部分都只是愚痴無明。

超越理性與非理性的虔敬心

虔敬心有三類：理性虔敬心、非理性虔敬心，以及超越理性與非理性的虔敬心。

撒拉哈（Saraha）是龍樹菩薩的上師，他把虔敬心定義為對因、緣、果的信任，換句話說，也就是信任業力的本質、遊戲與展現。這是理性的虔敬心。反之，非理性的虔敬心就缺乏邏輯的基礎，像是相信有個真實存在而萬能的神，或相信月亮會跟你說話，或不相信你沒聽過、沒見過的東西存在，或因未曾在你心中出現或無法證明，就不相信事物存在等。

當然，我們必須避免非理性的虔敬心，這不用多費口舌。但在密乘中，終究我們連理性的虔敬心都必須超越，因為理性的基礎狹隘而主觀，並且總是立基於某種假設之上。超越理性與非理性的虔敬心是難以想像的，特別是在理性為人們所珍視、歌頌與鼓勵的今天。但是在金剛乘中，只要我們的虔敬心還侷限於有限的邏輯與理性，我們就永遠有所偏好，也就會利用理性來讓自己脫離虔敬心。

福德

積聚福德的方法

如果證得證悟需要依賴福德，你也許會想：「何者為先？上師？還是福德？上師不是應該教導我們如何積聚福德嗎？」答案是：我們有很多不需要上師就能積聚福德的方法。

我們可以用很簡單的方式來積聚福德，例如祥和待人、不欺騙、不殺生、不說謊以及其他普世的善行。我們也可以藉由朝聖、供香、供花、點燈等來積聚福德。我們可以一邊積聚福德，一邊祈願：願能找到引領我們抵達證悟的上師。

因此，與其在尋覓上師的鬧劇中浪費時間，不如去點香或供燈。你可以生起祥和的念頭，例如「願一切眾生都有淨水飲用」，或「願此刻迷路的眾生都能找到方向」。你也可以將你的祈願升級，思惟「願一切眾生證得真諦，願一切眾生離於迷惑」。最終，這些行為會創造出善緣，讓你能夠遇見對的人。

福德自有其道

可能你經過徹底的研析與思索後，決定要以理性來選擇上師，但是你要注意，最後你可能還是靠著直覺與情感來做決定。你會發現，當你跳脫理性放手一搏時，它會感動地、全心全意地、無可控制地、毫不羞恥地、尷尬地、勇敢地、壓抑不住地發生。而另一方面，你平常也許非常感情用事而且不太理性，可是對這件事，你卻突然非常清醒又吹毛求疵。無論如何，在選擇上師這件事上，雖然你以為有自主決定的自由，但事實上那並不是一個決定。所有你審視與抉擇的過程，只是一個幻相而已。

有些人會說：「我跟某某上師有很強大的緣分。」有這種感覺是很重要的，因為對於尋求證悟的人而言，最重要的就是心靈緣分。這種感覺可以是一個催化劑，它可以把你對那位來自喜馬拉雅山、長滿胸毛的上師的情感，引導到美妙而有意義的心靈之旅。但你同時也要知道，我們的感覺變化多端，強大的感覺不一定就是上師—弟子前世因緣的徵象。

緣分不一定只跟上師才有。做為眾生，我們都曾經與其他人有過各種各樣的關係：債主／負債者、母親／兒女、獵食者／被獵者、愛人／情婦、獵頭族／受害者等等。因此你對上師的感覺，可能只是某種你需要償還的普通業債而已。不過，縱然如此，你還是不應該輕易放棄（在下一章會談到跟隨直覺的重要性）。

業緣與福德的作用常是無邊無際又難以理解。香港李家的善業令人欽羨，他們跟當代許多最偉大的上師都有極佳的緣分。他們家境良好，不只有福氣擁有財富，還能接待這些上師，他們常常一住就好幾個月之久。李家最小的女兒是個極為理性、頭腦清晰、批判性強的學生，她不人云亦云，總是提出全家最有深度的問題。李家其他人都以傳統的虔敬心來接待這些上師，但她的虔敬心卻來自理性思考與分析。這些造訪的佛教大師們，也都能回答她所提出的問題，讓她覺得信服而且滿意。

但是，在某個狀況下，她卻遇見了一個自稱是可以帶領信眾直達西方淨土的「心靈導師」，讓她完全著了迷。現在，這位頭腦冷靜、批判力極高的年輕女孩，變成了一個哈巴狗。這對她是多大的損失啊！自己家中隨時就有許多偉大的上師在，她卻完全誤入歧途。這只可能是福德與業報的因素所造成的。

在我們周遭還有許多業報的明證：只要看看所有這些西方人，他們完全沒有任何理由成為佛教徒，更不用說密乘佛教徒，現在卻都在修持道上用功。他們在白雪公主以及耶穌基督的圖像中長大，也許還唸過天主教或猶太教學校，甚至還有社會主義或無神論的雙親，但是他們卻被祥和慈悲的佛陀形象所感動。不僅如此，還有另外一些人與蓮師有緣——雖然戴著帽子、由空行母圍繞的蓮師一點都不像單純的比丘。這些人不只被佛陀所啟發，也被密乘的現象：諸如馬頭本尊、顱器、種子字，以及雙運本尊等所啟發。

福德決定我們怎麼感知上師

帕象（Prashant）這個人特別喜歡吃生洋蔥，其中必有道理。那種麻刺的味道讓他感到極大的快感。對他而言，洋蔥一點都不刺鼻。但是這種因緣在瓊兒（Joon）身上卻不存在，而且每次她點個漢堡，都要先確定裡面不加洋蔥才行。但是，他們兩人卻成了一對。為什麼？一定有某種因緣讓這兩人來電，跳過了「反洋蔥」與「愛洋蔥」的感知差異。

「因緣」是「業力」的另一種說法，而福德就是業力的作用，讓你更接近了悟真諦、更趨近慈悲。中國在許多世紀以前就尊崇佛教，又在近代以文化大革命之名摧毀佛教，這一定是業力的作用。在一九九〇年代，業的作用也讓佛教一夕之間又回到了中國。然而，在佛陀的出生地印度，卻有許多人不知道佛陀是誰——這也是他們的業。

佛教在一個偉大的交流時期傳入中國。當時，無論是香料、布匹、樂器、麵食、信仰或疾病，都在貿易中相互流通。但是由於業緣，特別因為中國信眾的福德，佛教成為從印度輸入最長久的進口貨之一。因此，福德在我們的心靈生活上扮演了非常重要的角色。

內在佛陀

如同吉美．林巴所說，月亮具足了所有必要的特質，讓它的影像可以映照在清澈的湖面上。如果月亮不具有實體的形狀，或者不能反射太陽的光芒，就不可能出現於水面。同時，清澈的水面具有反射的特質，所以，當月亮與水這兩個不同的本體毫無阻礙地完全對齊的話，月亮的映照就毫不費力地出現，而且毫無意圖或作意。類似地，我們內在的佛也具有能夠無作意、不費力而顯現的特質。當障礙不存在，佛就會在具足福德的有情眾生身上，任運地反映出來。

有些人所具足的福德，能夠以釋迦牟尼佛——這位外在的、兩千五百年前的佛陀，做為他們內在佛陀的反映。有些人所具足的福德，讓他們在飢荒時以一條大魚做為他們內在佛陀的反映。另外有些人，佛陀對他們而言，是石雕、繪畫、蓮花、花園，或任何給予眾生暫時快樂的物件。而具足最殊勝福德的人，能看見無分別的大樂就是佛陀。

與內在佛陀的反映產生聯繫的這個過程，就叫做虔敬心。只要我們的念頭之流

©Marina Genadieva

具有保證

如果你得遇純正的上師，而且你有好的緣分，那麼在此生證悟就有保證。即使由於你令上師不歡喜而產生惡緣，比如說刮傷了他最喜歡的班特利（Bentley）汽車，輪迴還是保證會結束。如果你的目標是證得證悟，那麼你就無所損失，而且還能贏得一切。

不斷，輪迴的投射就不會停止；只要輪迴尚未終止，法道就不會結束；只要法道還存在，虔敬心就存在；而只要虔敬心存在，外在上師就會存在。

米麗安（Miriam）的困境

米麗安是個出生在波斯家庭的英國女孩，聰明又有學問。我在倫敦大學亞非學院（SOAS）唸書時認識了她，當時她也專修比較宗教學，而且還在巴斯（Bath）大學當講師，教導佛教與印度教的課程。她對亞洲哲學涉獵極深，尤其是古印度的邏輯學，她也徹底了解《入中論》這部大作。有時候，由於她沒有先入為主的偏見，因此對於空性或緣起這種主題，她解釋得比受過訓練的佛教老師還好。她總是能以很有系統的科學方式來分析。

我雖然沒有什麼可以教導她，但米麗安還是來看我很多次。她沒有什麼哲學上的問題要問我，因為在某些方面，她的答案比我的還好。但是，她還是常到我在諾丁丘門（Notting Hill Gate）的小公寓，來參加小型的佛教共修聚會。每次大約有十個人來我那兒，他們多是死忠佛教徒，一起做薈供、唸誦等。我的一個朋友叫伊芃（Yvonne），她也常來，而且她會在米麗安的面前，一邊打嗝一邊抽搐，無法自制地吐露出她對我的虔敬心，令我非常尷尬。我不知道像米麗安這種知識分子，看到這群追星族幫我拎鞋子、伺候我像個教主一般，不知心裡會怎麼想。

有一天，米麗安表明她希望最後再離開，因此可以跟我私下談談。我看得出來她情緒不穩定，就問她有什麼事不對。她一邊說一邊淚流滿面，她說她想要有虔敬心，可是無法做到。她也許覺得與我有緣，因為我們都在探討同一個哲學系統，但這個緣分還不足以讓她視我為上師，而產生虔敬心。由於她的個性，她對心靈上師非常挑剔，特別會提防任何類似膜拜教主的角色。因此，雖然她對哲學投入很深，虔敬心卻未生起。有趣的是，有些她在巴斯大學的學生都因為她的課程而培養出了虔敬心，可是她卻不行。

我沒有給她什麼建議，只是跟她說，虔敬心不是研讀就能培養的。但是，她因為缺乏虔敬心而落淚，這是值得注意的事。願心是非常強大的，她對自己缺乏某個東西的感覺，終將引導她更努力地去尋覓。雖然我不知道她現在人在何方，但我常常希望她永遠不要停止那些淚水。

生米煮成熟飯之前

縱然你相信你有權力選擇上師，你相信你能學會選擇的技巧，你相信你對上師具有充分的資訊，你也相信你能自由地獲得這些資訊，但是最終，你的業緣與福德會替你做決定。我大部分的上師都是這樣出現的，我從來沒有機會去分析、評估或選擇他們。由於福德之故，我得以遇見一些最有成就的上師，而且，我沒有機會去分析或評估，也是福德之故。憑我自己的分析能力，我無法找到比他們更好的上師。

因此，除了磨練你的分析能力之外，很重要的是要學習業緣的遊戲。藉由祈請或供養等行為，可以讓事情產生改變。在某些狀況下，如果你具足福德，可能根本不用尋找上師，上師會在你最意想不到的時間、地點找到你。上師會在你面前就這麼發生。

©Kechun Zhang

你選擇上師，所以你是主宰。

2 精明地分析上師

頭腦清醒的決定

現在很多人以為你跟一位喇嘛皈依，他就成為你的金剛乘上師。事實並非如此：他只是你皈依的戒師而已，金剛乘上師不僅只於此。當今，上師—弟子關係所產生的一些問題，就是心靈尋道者隨便找個人就認定他為金剛乘上師，完全不考慮其後果所致。在金剛乘的典籍裡，從未說過你一見到某個自稱為金剛乘上師的人，就必須馬上認他為上師，聽從他的指示。這不只不可行，而且還會帶來痛苦。完全不加分辨是危險而愚蠢的，就像餓犬看到肉就胡亂吞食一般。

佛法是所謂的「善逝之道」，「善逝」的意義，是指其終究的特質是大樂，而非痛苦。因此，跟有些人所想像的相反，金剛乘的上師虔敬心之道也是無痛的，它並非要你處於專制的上師之下，受其暴政的虐待。

你可以想像商務人士為了達到目的而不眠不休地工作，他們知道努力能帶來報

©Norbert Schoerner

你的尋覓就是法道必要的一部分。

酬，熬夜流汗會有收穫，因為他們有成就感，有向前推進的感受，因此工作本身會帶著某種的喜悅。同樣的，當你確信在此生之中有可能證悟，就不會在乎辛苦。你相信上師能為你指出心性，你期待能夠一瞥心性，希望心性能夠迅速到來，這些信念讓你義無反顧，無論他要求什麼，你都會去做。這就是我們所謂的虔敬心。對於這種尋道者，虔敬心能將痛苦轉為大樂。

當然，你必須注意你在何時、對何人虔敬。密乘上師一般都會以很個人的方式出現每個人面前。假設你聽說了某一位公認的金剛乘上師正在舉辦大型的灌頂法會，你的朋友正好又多一張入場券，於是你前去參加。你心想：「這麼多人來，應該錯不了吧！」在法會中，這位密乘上師談到生態環境以及世界和平，你也覺得滿同意的，甚至還被他的謙遜所感動。過程中，你也許也聽到了佛教有關慈悲的隻字片語，或許還對相互依存有了模糊的理解。這樣，你是否就成了金剛乘弟子，而他就是你的金剛乘上師？可能不是如此。

但這並非不可能。如果在那場公開法會中，你對教法與教師生起強大的緣，那麼即使你對金剛乘完全陌生，上師—弟子關係的種子也可能就因而種下。或者，也許由於上師的言行或笑容，你不只被稍微觸動，而是真正的被他深深感動，以致於原先你很重視的世間價值，例如名聲與讚譽，你開始感到不那麼重要；或者讓你開始對世俗的伙伴們一視同仁，沒有太多分別心；甚至讓你開始對德瑞莎修女或唐納．倫斯斐①都不再有偏好。果真如此，那麼，是的，你就成了金剛乘弟子，而那位上師就成了你的金剛乘上師。

這年頭，很多人不知不覺就逛進了公開的金剛乘法會。有時候他們是因為在新時代咖啡店所張貼的密教性愛營海報旁，碰巧看到了印刷亮麗的傳單而來的；或者是因為有人告訴他那是世界和平與反核擴散的集會，因而吸引他來的。你不能說這種出發點不恰當。在過程中，這些人可能會受到教師或教法的感動，甚至因而正式地步入金剛乘之道。但是以這種方式出發，你必須要特別小心。

相較起來，那洛巴（Naropa）是有意地去找金剛乘上師，而且有意地去請法。當時，他已經相當熟稔大乘的教法，但他並不滿足。他並非意外地撞見帝洛巴（Tilopa），帝洛巴也並未刊登廣告；他不印送傳單，不坐閃亮的法座，更不用音響設備與投射燈。事實上，從凡人的眼光來看，帝洛巴生吞活魚的景象大概相當不堪入目。但那洛巴知道他在尋找什麼，他也知道帝洛巴可以給他答案，因此，他頭腦清醒地前去找他，向他請法。

如果你主動地向某位上師請求金剛乘灌頂，而且你知道接受灌頂所牽涉的責任，那麼你就成為金剛乘弟子，而給法的灌頂上師就成了你的金剛乘上師。這有點類似聲聞乘剃度的傳統。在剃度的儀式上，受戒者會被詢問：「你現在清醒嗎？」「你能說人類的語言嗎？」換句話說，戒師是在問：「你知道你在做什麼嗎？」他們甚至會問，你是真實的人，還是一個幻相。他們也會問你是否得到監護人的同意——不論是你的國王、上師、女友或男友。他們還問你是否有陰莖，你是否為雙性人，因為雙性人不能做為比丘。就像這樣，你被一而再地詢問，如果你符合了各種的條件，才能剃度為比丘。這些溝通必須非常清楚。

喬千完全不知情

喬千（Gyaltsen）才六歲時，就被送進寺院裡來，這是許多西藏家族的習俗。他完全不知道未來是什麼。他怎麼可能知道？事實上，許多成人都不懂剃度儀式的目的及重要性。當時，喬千可能因為有新袍子穿、剃了光頭，又有灌頂儀式，驕傲的家人還都前來恭賀他，使他感到異常興奮。等他到了十一歲時，他才稍微了解出家是什麼意思。他知道他不應該殺生、不應該偷竊，而且最主要的，他不能跟女人發生性關係，從開始一直到永遠。

過了幾年，喬千成長為青少年，他的荷爾蒙高漲。寺院中有一台電視機可以看

①唐納．倫斯斐（Donald Rumsfeld）：小布希時代的國防部長。

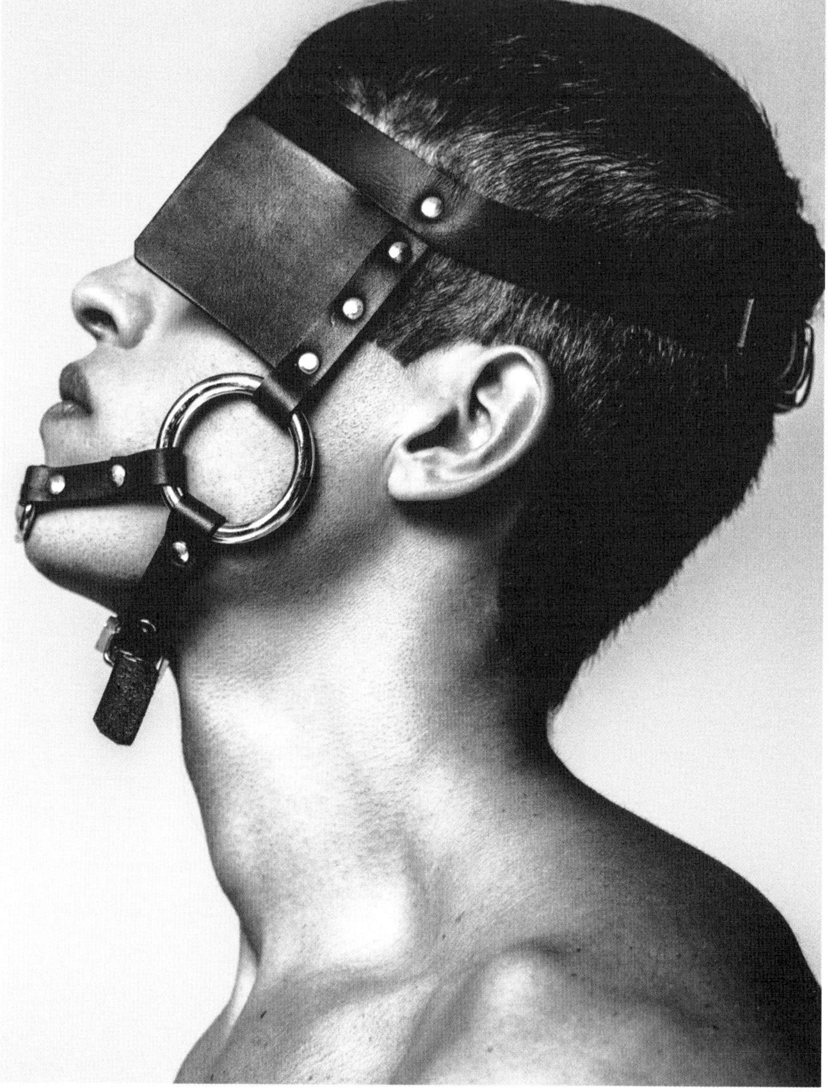

©Javier Biosca

虔敬心可以轉化痛苦。痛苦就是大樂。

到印度寶萊塢俗氣的愛情片，歌頌著浪漫與愛情。在他小小的心靈中，因而種下了「永浴愛河」的觀念。在他的環境裡，出家是高尚的職業，但是很諷刺地，這種高尚也變成吸引少女的原因。被禁止的事情通常更加珍貴。荷爾蒙高漲到無可控制的喬千，開始跟異性調情起來。他花時間與精力書寫情書。雖然他所鍾情的對象跟他住在同一座樓裡，但他實在太害羞，不敢直接跟她說話，只能用寫信來表達愛意。無意中，喬千變成了一個浪漫情人。

從單純的交換情書和禮物開始，一步步發展下去，結果喬千跟那位女生有了性關係，破了比丘戒。他知道這件事如果被發現的話他將被迫還俗，而且還會讓他的家族、寺院以及傳承蒙羞。來自各方期待的壓力實在太大，因此告白懺悔變得很困難。於是他對自己的違戒保持緘默，卻又對自己無法做對的事而自我煎熬。他帶著強大的罪惡感，仍然穿著出家人的僧袍，持續參加守戒者的經懺法會。根據佛教戒律，在經懺法會中，如果有一位比丘破了戒，那麼法會就受到毀壞，而且整個僧團的懺悔就完全無效。喬千對自己的解釋是：「我絕對不是唯一隱藏事實的比丘。」像這種隱匿的例子，在愛面子的社會裡，一定經常發生。

經常有人像喬千受比丘戒一般，在灌頂法會上不明不白地就受了金剛乘的三昧耶戒。有些人完全不知情就接受灌頂，另外有些人則受同儕的壓力而去灌頂。他們不知道自己到底做了什麼許諾。舉例來說，一旦受了高階的阿努瑜伽密續灌頂，如果你把女人看為比較低下的眾生，就違犯了其中最重要的根本戒之一。結果，受灌者就不知不覺地經常破戒，而在密乘中破戒，比破毘奈耶戒（Vinaya）的後果還要嚴重。

如果我是大寺院的堪布，我可能不得不把所有的比丘都視為破戒者。有些人可能以為比丘只有把他的東西塞入三種孔穴之一時才會被迫還俗，但是非法下載電影或軟體同樣也是破戒。有一種戒律是「不可拿取任何非供養之物」。如果拿的東西價值超過一餐飯的費用，就被認為是偷竊。下載電影要花費幾塊錢美金，所以在我看來，所有觀賞盜版電影的比丘都破了三昧耶戒。況且，再想想看，印度有多少盜版的微軟 Office？那可是幾百美元一套的東西。

跟隨直覺

金剛乘建立於心的基礎上，因此感覺與傾向都很重要。如果你有股無可控制的衝動要追隨某人，那麼也許是某種過去世上師—弟子關係的延續。如果你跟隨直覺，一般傳統評估上師的方法就沒有必要。

當密勒日巴第一眼見到瑪爾巴時，瑪爾巴迎著冷風在泥濘的大麥田中犁田，完全沒有現今上師出現時所常見的錦袍、燃香與華蓋伴隨。密勒日巴一見到他就全身顫動。據說，當時瑪爾巴停下工作，從頭到腳仔細地端詳了密勒日巴一遍，然後要他幫忙把剩下的田犁完。瑪爾巴還給了他一些酒喝。自此，偉大的噶舉傳承於焉開始，其教化傳播到世界上某些偉大帝王的耳中與心中，其中包括中國清朝的許多皇帝。這種關係不可能只是靠著密勒日巴平凡的求法願望就能達成，這二個人之間，一定有長遠以來的業力因緣。

甚至我的一些學生——我常稱他們是我的「受害者」，也都沒經過太多清醒的評估就來找我。來自澳洲的瓦森先生（Mr. Watson），經過長久尋求上師的過程之後，因為做了重要的夢而成為我的弟子。他夢一醒就完全相信了我。在紐約的寇林小姐（Ms. Coelln），說她在一九九六年第一眼見到我的時候，就知道她跟我有緣。她認為我那時候穿了日本足袋襪（tabi socks），就因為這件事她決定我就是她的上師，也開始來聽我的開示。彼得先生（Mr. Peters）說他向我無數次祈請教法之後，終於有一天我在丹佛國際機場班機即將起飛前，在男廁所裡給了他教授，因此成為他的上師。彼得一直是喜歡錦袍與法座的人，但是那天機場的男廁所代替了所有這些。另外一個弟子／受害者叫史蒂芬妮（Stephanie），她有一次聽到我說，如果梵谷（Van Gogh）能具有正確見地的話他早就證悟了。她聽了，就認定我是她的老師了。她說，這好像是她第一次「聽見」事情，因而成了我們關係的起始。

我們是被情緒左右的。但是如果可能的話，現代的學佛弟子對此應該特別謹慎。

故意唱反調的「腦袋」，必須拿來檢視易於濫情的「心」。如果有人能真正啟發你，那很好；但是要成為金剛乘上師，他必須具有善巧方便來打破你的繭才行。如果有人能這麼做，那麼無論看起來多不起眼，他就是你的上師。他可能只是個毫無名分的堪布。在這件事情上，外表不代表任何意義。我很欽佩追隨土登．尼瑪仁波切（Alak Zenkar Rinpoche）的弟子們。他看起來像是在馬路邊上賣熱包子的中國小販，但以他的例子來說，表裡絕對不一。對於佛法的貢獻上，尤其是藏傳佛教的傳承，他比那些身著五彩法袍、擁有巨大頭銜的任何人，都有過之而無不及。

在我的追星族圈子裡有幾個老傢伙，當他們遇見我的時候，我在倫敦廉價酒吧中穿著T恤和牛仔褲閒混，一點都不像個藏傳喇嘛，但他們都成了金剛乘弟子。我現在每次看到他們都會感到鼓舞，因為這證明了佛教的業債觀念。他們來找我當金剛乘上師時，完全沒有尋常的道具與音效相佐就開始了。

因此，有人一見到舒雅．達斯（Surya Das）這種人就被感動，這是完全可以理解的。他看起來是個百分之一百一十的猶太人，有著大鬍子和大肚子。他的樣子，他的演講，以及他很急迫的個性都啟發了他們。甚至不只啟發，而是敲開了他們的繭，使他們不致於迷途。

慣常的理性分析不一定需要占有優先的地位。這位能夠喚醒你的人，就是傳統上所說的「具足三種殊勝慈悲的上師」。即使這位上師不以言語教法，他也可以是你的上師，這是非常個人的。也因此，你甚至可以從大衛·麵條（David Noodle）這種人身上，得到心性的指示。

在密乘中，捷徑也要花時間

決定進入密乘之道，進入這個「不論上師說什麼都遵從」的法道，是很大的許諾。如果你考慮要結婚，你會在事前花時間了解你可能的另一半的個性，再決定你是否要跟他結為連理。上師的狀況也是一樣，你應該經過足夠的思考之後，再決定是否進入密乘之道。只有藉由批判性的智力判斷，才能選擇「再也無所選擇」。這是最高層次的修心。當然，結婚以後，即使過了十幾年，你還是會在先生或太太身上發現新的事情；相同的事當然也會發生在與上師的關係上。

雖然密乘是迅捷之道，它還是有不同的階段。在喜金剛密續中提到，應該將所有的一般性教法先授予密乘弟子，從分析性的研究開始，包括說一切有部（Vaibhashika）、經量部（Sautantra）、唯識與中觀等，這些教法都強調批判思考的重要性。

分析與批判性思考通常會花時間，但我們不見得都有充裕的時間來做研究，特別是在生命後段才進入法道的人。同時，我們也要記住，縱然我們希望能控制自己的決定，但還是受制於因與緣。我們只能在某個程度上控制結果而已。雖然分析與批判性思考很有價值，但你也不要欺騙自己，認為那就是究竟的解答。

聽聞

上等根器的弟子強烈地希望能夠淨除遮蔽了自己本性的暫時性染污，因而渴望上師。在大乘與金剛乘中，我們將此究竟無暇的本性稱為「佛性」。弟子從理論上了解佛性存在，就像經典的例子所說的：面對著一個沾滿義大利麵醬的盤子時，我們有信心只要用一點清潔劑，盤子就會恢復潔亮乾淨。

為了要淨化染污，教法與加持就必須具有穿透力。要讓加持穿透，最簡單的就是經由聽聞。因此，一般都建議人們要聽聞佛法。就此而言，能提供正確又實用資訊的上師相當重要，即使他不是你的根本上師或密乘導師也無所謂。所以至少在初始時，能有來自傳統學院又具足佛法知識的上師，會是安全的保障。

經由聽聞的穿透，你獲得了能被思惟穿透的工具，然後逐漸地你也會培養出被禪定穿透的能力。

學院專制

有史以來，很多地方都有弟子正式拜師的習俗。這種儀式可以簡單到詢問「我可以做為你的弟子嗎？」，但它也可能是具有挑戰性、令人心安，同時又令人緊張的混合。令人精神緊張是好事。被接納的希望、被拒絕的恐懼，都可能是你修持上師瑜伽的一部分。

我受邀到牛津大學客座的時候，認識了一名學生泰勒先生（Mr. Tyler）。他是一個非常學院派的人。雖然經過了這麼多年，他還是到處找我，總是想要出現在我身旁，有時令我不勝其擾。我看足球賽的時候他想要來；我去英式花園逛逛他也要作陪，我要出去用餐他也想要在場。有時他要求單獨會面，但是每次都聽他說一些完全無用的事情。他的舉止讓我感到不舒服，所以我就決定不再與他會面。有一天，泰勒先生說他有個最後的請求；他來了之後，滿頭大汗，形色緊張。我終於知道他的目的了：他想要我做他的上師。我可以了解為什麼他一直這麼尷尬，因為多年來他一直顯示出學院派知識分子的樣子，現在突然要轉變角色，對他而言相當困難。

在牛津大學這種地方，要身為學院人士，同時又要承認你有虔敬心，就像在恐同性戀的環境中承認你是同志一般。你出櫃的機會有多大？縱然學院人士都認為自己是心胸開放的自由主義者，但是他們的「客觀專制」卻極為殘忍而無情。

如果你有幸經歷像泰勒先生的兩難困境，那麼，下定決心前去請求一位金剛乘上師來指導你，會是重大的轉機，這將是你第一個大禮拜（不一定是實質的）。這是你的驕慢終於破殼而出的徵象，因為即使冒著被拒絕的恐懼，你還是堅持去做，你看到了上師的價值。光是這一點，就是一項重要修行的開始。

誰能教導？

現在，佛教在傳統上非佛教地區都流行起來了。本來世界上就欠缺真正的老師，能對這些新進弟子的文化、語言、習慣有所了解的老師更是稀少。但這阻止不了一大票自封的上師，他們像傳染病一般地蔓延。在今日，尋法者要比過去還迫切地問這些問題：「誰能教導佛法？要有什麼資格才能教導？沒有門派或傳承的人能當佛教老師嗎？是否只要具備相當程度的經驗和知識就可以教導他人？這些老師應該只是被視為指導員，還是上師？」

我們可以看到許多西藏仁波切，他們有華麗的寺院和耀眼的歷史，但是他們很難被接觸到，而且除了少數的例外，他們比較照顧藏人社群，而不是國際社群。在此同時，佛法中心卻如雨後春筍地在世界各地出現，大力宣揚西藏文化、習俗甚至語言，當然這與許多人喜歡異國風情有直接的關係。然而許多這些中心都成為了捐款代理站，把收集來的錢送回西藏、不丹或尼泊爾的寺院，或者到了駐錫於中心的喇嘛家人手中。

那麼，比如說，我們怎麼把佛法帶給斯洛伐尼亞的學生呢？有些斯洛伐尼亞學生並不想學習文化習俗，他們只想研究佛陀的教法，而那與西藏文化毫不相關。他們真的必須知道怎麼完美地摺疊並打開一條白色絲巾嗎？

當然也有些令人極為讚嘆的喇嘛，雖然完全保留西藏的特色，但他們經由真正的關懷弟子、真誠的悲智修行以及對佛法迫切的奉獻，因此利益了眾多的人。嘉都仁波切（Chagdud Rinpoche）就是最好的例子。他去了巴西，建立一座藏傳寺院，現在所有他的南美弟子都穿著藏服，唸誦藏文祈請文，但沒有人會覺得嘉都寺只是一個文化中心，反之，它是一座活生生的心靈道場，因為在所有的西藏表相後面，許多嘉都仁波切的弟子都真誠地關注並投注時間與精力在佛法的見、修、行上。

如果你只是要知道一些訊息或修行上的指示，那麼只要對這方面有基本知識的人就可以提供給你。有經驗的非藏人修行者通常會比藏人了解得更多，至少他們跟你語言相通，因此跟他們交流是有助益的。但是你也要知道限制的所在。舉例說，有某人做過三年閉關，也曾在佛學院待過五年，這人是否有資格教導？如果只是提供資訊，指導怎麼在道上修持的話，是的，他可能可以。但如果你想要他成為你的上師？這就另當別論了。

追根究底而言，這是非常個人化又曖昧不明的，而且，可能就應該維持在這種狀況。曖昧是好事。一旦有了系統，通常就會造成毀墮。

秋陽．創巴仁波切以及佛法的在地化

選擇一位真正的上師和選擇一家真正的義大利餐館不同。當你評判義大利餐館時，你以它看起來、嚐起來有多「義大利」來衡量。他們的第一道菜（primi piatti）是否是麵食？他們是否把整顆大蒜及酒瓶掛在牆上？背景音樂是不是義大利民謠？但是你對上師的選擇，主要應該看他有多少能力來揭露你的佛性，無論是直接或間接的。至於上師用的是藏式的方法、中式的方法，還是完全自己發明的方法，那都無所謂。

有些人認為秋陽．創巴仁波切（Chögyam Trungpa Rinpoche）是歷史上最惡名昭彰、濫用心靈修持的罪人。他死於酒精與縱慾。因為他選擇如此示現，所以我們也可以理解有些人會這麼想。一般而言，大家都認為心靈修行與性愛、酒精、權力或金錢等這些罪惡，就像水和油一般，根本無法相容。但似乎創巴仁波切卻能將這些惡事轉化為善巧方便。

有時候，你可以從弟子的偉大，看出上師的偉大。多年來，我認識了許多創巴仁波切的弟子，親眼見證了他們的認真精進，他們對佛法的尊崇，以及他們對上師的奉獻。我不能輕率地說他們都是瘋子或白癡，我不能說他們是對佛法的恥辱。

如同有些人被達賴喇嘛的謙遜、笑容與非暴力所啟發，許多弟子都被創巴仁波切的驚世駭俗所吸引。他在一九七〇年代早期來到美國，追隨他的都是非常叛逆的嬉皮、心靈探索者以及反越戰人士。他們是最不容易屈服於卡其制服的一群人，但創巴仁波切就有辦法讓他們都如此遵從。後來，有六百多個家庭，離開了他們各自的家鄉及工作，從美國各個角落遷居到一個叫哈里發（Halifax）的沉悶小鎮，在那裡，他們共同建立了教導智慧與慈悲的學校；在那兒長大的孩童，想要動手打隻蚊子都會三思而行。他的一些弟子也成了出家眾，其中的典範之一就是女尼貝瑪·秋登（Ani Pema Chödrön）。即使在他圓寂很久之後，弟子們還是真誠地關注緣起，珍視非暴力，而且提倡禪定修持。他們生命的大部分都投入於禪定與閉關修持，但是這個社群並非如阿米希教派（Amish）一般地與社會隔絕，反而他們完全融入社會。他們的戰士象徵，也就是紀律，直接間接地與尊嚴、勇氣及證悟社會息息相關，這也正是地球的這個角落所迫切需要的。

在西方，與創巴仁波切同一個時期，有沒有任何一座祥和平靜的寺院成就得比他還多？我至今還找不到。

幾年前，我在牛津大學時，曾經與一位佛教研究教授有過激烈的爭論。他從頭到尾完全不能理解創巴仁波切的行止。

英國人對古老的文化與智慧有一種非常浪漫的想法，尤其反映在他們的學術研究中。如果一個英國人想要研究佛教，他會先研讀巴利文或梵文的原始經典，再研究佛陀於兩千五百年前在印度所訂下的行為準則，並且忠實地沉浸於當時古老的氛圍裡。我們許多人也都會有這種浪漫的想法，卻忘記了這些早期規範的時代背景。當我們看見一位祥和的南傳比丘，在日出時分托缽走在緬甸曼德勒街上，我們會感到開心而充實。但是，如果同樣那一位剃光頭穿藏紅袍的人，在倫敦的肯新頓高街（Kensington High Street），走在印度克里希那教士身旁托缽乞食的話，就會觸犯了英國人保守的神經。把他從那浪漫的場景移開，這位比丘的地位不比一隻小蟲好到哪裡去。

早年，當佛陀教導六到十二個弟子的小組時，他們有時會有不當的行為。每次一有人行為踰矩，他們就集會商議，討論如何訂定規矩來處理。當時有一位弟子叫恰卡（Charka），他雖然已經剃度，卻還深愛著妻子。有一天夜裡，他偷偷跑回家單獨跟太太說話。佛陀知道了這件事，就定下了「出家人不能單獨與女子坐下談話」的規矩，但恰卡還是忍不住，又溜回去看太太，但這次他一直站著說話。之後，不能站著說話的規矩又定了下來。但恰卡又回去，一邊走來走去，一邊跟太太說話，因此另一條規矩又定了下來。這也說明了為何律藏有這麼多內容、這麼多詳細條文的原因。

這些規範及行為準則都是由於當時當地的要求而產生的，它們與真理無關，其目的只是做為僧團在尋求真理的途徑上，不誤入歧途的標竿而已。「律」（Vinaya）這個字在藏語是dulwa，意指一切與「調伏」有關的事物。安全扶手或拴頸皮帶，都可以在調伏的過程中發揮功效。

顯然的，不是每一條規矩都適用於每個人。例如：「比丘應過午不食」，如果在他生病而需要營養的時候呢？或者：「比丘上身不應著衣」，如果他們住在喜瑪拉雅山上呢？在曼德勒的比丘不需要穿毛背心或毛衣，但是在喜瑪拉雅山的比丘如果把這個習俗看成嚴格的行為規範，那就全凍死了。或者：「比丘應優雅輕步行走」，如果房子著火了呢？此時輕步行走當然就不重要了。因此，人、地、時都需要加以考慮。

我的英國友人似乎忘了，佛陀對他的僧團訂下這些規範之後，他也說律必須依時、依地而定。除了四個基本戒律，也就是戒邪淫、偷竊、殺人（已出生或未出生）、重大欺騙之外，並沒有放諸四海皆準的規範。

重點是要訓練一己之心。重點是要暴露你的我執、你的假設。創巴仁波切需要規範他的弟子，讓他們不致於分心而且有個方向。道德是引領紀律的明燈，但他知道，他不能只用古老摩揭陀國的規矩來加諸於一群反越戰的嬉皮身上。他叫這些嬉皮弟子穿西裝打領帶，就是要求比丘穿著僧袍的現代版本。遵從佛陀的話語的重點，並不是要舉辦化裝派對。創巴仁波切使用制服及各種操練，都是非常適時的善巧方便。

我自己有一些令我頭痛的左派弟子，他們住在英國或澳洲，靠著政府的救濟金過日子，從來不打算找工作。他們真正相信接受社會救濟是在幫助自己的國家，因為他們利用一種歪理自我解釋，認為這樣的行為才能促進經濟發展。他們相信免費的午餐確實存在，而且他們理所應得。他們對外投射出來的形象是：要成為佛教徒，你就要是個吃白食的人。

但創巴仁波切教導我們，你可以做為佛教徒，同時也可以是成功的銀行家或創業家。這是一個對現代佛教的巨大貢獻。如果創巴仁波切示現成為類似來自蘇莽寺（Surmang）的典型比丘，身著僧袍，托缽乞食，散發出祥和的氣質，具足毗奈耶戒律而行止完美，那麼至少他可以讓那些懷舊浪漫、迷戀古老道德的英國人歡喜。但如此一來，他能接觸到所有其他人嗎？他能啟發成千的人去遵守上身不穿、過午不食的寺院傳統嗎？夢想著剃度僧侶及走方行者的往昔榮耀沒什麼不好，但如果時間、地點都已經改變，方法也必須改變。

我的朋友溫蒂（Wendy）是創巴仁波切較早的弟子，她告訴了我參加他的灌頂是什麼狀況：「仁波切會讓我們枯等，有時坐一整天，有時甚至等待二天。我們並不回家睡覺。有些金剛乘的開示，我們會坐到半夜之後才開始。我不記得有任何開示的等待時間少於二個鐘頭的。」

有些人可能認為他的舉止像個瘋狂的人，但仔細觀察他的方法，我們可以看到，不知開示何時才會開始，會讓弟子們在進入殊勝的教法之前有時間思考，有各種機會生起挫折感及無聊感。溫蒂說：「已經太晚了，我不覺得那是瘋狂的。當教法被仁波切傳遞出來、宣說出來、散發出來時，我非常渴望那一刻的氣氛。當然，那種狀況很難、很累、很煩人，但它似乎就是一個完整的整體。」現在有些喇嘛，每次都依照傳單上印製的時間準時蒞臨，隨後即刻對所有買了票付過錢的人給予最高的密乘灌頂，恰如在百老匯劇院看戲一般；兩相比較，創巴仁波切的方式不是更好嗎？

外人可能以為創巴仁波切的追隨者都是狂熱愚蠢的膜拜教徒，被類似大衛·考雷什（David Koresh）②的魅力領袖所迷惑了。但是你只要讀過創巴仁波切遺留下來的著作，就能了解他是多麼偉大而慈悲的上師。甚至他所選擇的詞彙都看似簡單，卻極具深意。他面對著一群帶有強烈亞伯拉罕宗教影響的聽眾，要教導「你的本性

②大衛·考雷什（David Koresh）：美國一九九〇年代極端教派大衛神教教主。

是佛」這個概念，然而他們僅有的參考點卻只有原罪、天堂與上帝而已。你怎麼把「佛性」這個概念塞進這些人的腦袋裡？他用了「本善」（basic goodness）這個詞彙，這是絕頂聰明的選詞。能想出這樣的用詞的人，不僅要知識豐富，更需要有自信、慈悲、智慧，以及長達九百年歷史、一脈相傳的達波噶舉傳承的業緣。

在未來，人們會理解並感念秋陽·創巴仁波切從未宣稱自己是先知或救世主，他說他單純地只是釋迦牟尼佛的追隨者。這是他最重要的功德。他以噶舉傳承為傲，並曾邀請十六世大寶法王讓炯·日佩·多傑（Rangjung Rigpe Dorje）以及尊貴的頂果欽哲仁波切兩人前來科羅拉多州波德市（Boulder）造訪。他對上師行程鉅細彌遺的安排，以及向弟子們引介上師時所表現出來的謙遜與虔敬心，絕對不是大衛·考雷什這類人所會做的事。

他眾多虔誠的弟子也並非是笨蛋。他們都是對社會有貢獻的人士，包括醫師、律師、心理學家等，他們都有敏銳的獨立思考能力。雖然在他們的生命中，有許多機會遇見其他行止端莊的老師，但他們的心還是一直追隨著創巴仁波切，他們選擇他做為上師，並非單純的只是景仰他而已，而是因為他的教導與他的行止啟發了他們。

同時，他也非常信任弟子。有權威的藏傳喇嘛不容易真正相信外人來領導，所以創巴仁波切親點一位西方人來領導，是極有勇氣而且極具前瞻性的作法。這個作法影響很大。他給了弟子希望：也許有一天，他們也可以被接受，也可以扮演一個角色。

因此，精明地選擇一位純正的密乘上師，比起精明地選擇一家純正的義大利餐館需要更多的技巧。你必須能獨立思考，能沉著應付洶湧的情緒與感受，又能勇敢而開放地欣賞這些情緒與感受。面對著一個喝得半醉、半身麻痺，雖然不帶兵卻穿著軍服，坐在那兒幾個小時不說一句話的人，你的頭腦可能跟自己說：「他是個瘋子。」但是，如果你已經知道你要的是什麼，你信服的是他所說的話語而不是他的外貌，而且你足夠開放、足夠勇敢的話，也許一種無可阻擋的渴望會攻占你的心。一種不可思議的信任感，會讓你一頭栽進這個怪人的懷裡。

女性上師都到哪兒去了？

近年來性別的問題比較被公開拿來談論，它理應如此。很多人問：為何歷史上沒有太多女性上師？未來會不會有較多的女性上師？嚴格地說，性別與具不具格做為上師無關。上師不需要來自同一個文化，因此上師也不需要來自同一個性別。但是，人們總是熱心地希望有均等的代表性，包括黑人、同志、雙性人等。你對證悟的追尋不應該被這些看法所阻礙。

女性與否，女同志與否，這都無所謂。上師必須能設計並提供法道，並且耐心地引導情緒化、愚痴、頑固又失落的眾生而絕不放棄，直到弟子抵達證悟為止。外在的顯現不應該有任何影響。女性上師不一定最知道怎麼跟女性溝通，她們反而有可能讓男性弟子感到深具啟發，因為異性之間有種自然的溝通，會很有助益。我們必須記住：狀似有所助益的可能是障礙，而看起來是障礙的，反而可能有所助益。

無論如何，有女性上師這件事讓許多人感到興奮。近年來，我們也看到更多女性佛法老師的示現。能實現這個願望是一件溫馨的事。但話說回來，在藏傳或南傳佛教的傳統之中，由於普遍的男性沙文主義之故，支持女性上師的文化並不存在，也因為這個緣故，能執教的女性老師相對的就比較缺少。女性上師是一個新的現象，若是過於誇大炒作可能反而有負效果。這就好比若是不丹想要開始生產媲美萊卡牌（Leica）的照相機，當然他們可以，但是由於缺乏這種傳統，因此需要容許某些嘗試與失敗。反之，德國人已經經歷過所有這些過程，因此他們相機的製造技術已臻完美。

雖然這麼說，這個世界還是很有福報，我們非常有幸有幾位特殊的女性上師在世。其中一位是傑尊．姑秀（Jetsun Kushok，或稱傑尊瑪仁波切）。她是極受尊崇的昆氏家族（Kön）女兒，受過傳承完整的訓練。一九五五年她年僅十七歲時，就在西藏的大法會上面對許多薩迦出家眾開示了道果教法。這件值得大書特書的事，不只是因為她很年輕，而是在那個時代，在西藏沒有女性上師給予開示的例子，更不用說其對象是幾百名薩迦學院的出家眾。之後不久，她流亡到北美洲。這就好比英國的安妮公主（Princess Anne），帶著所有的皇室飾物，被迫住在遙遠的異鄉一般。許多年之間，傑尊・姑秀隱名埋姓，為了生活做過編織縫紉等各種難以想像的工作。她身為人婦，需要負起烹飪洗衣等家事，又要帶小孩，但她仍然持續將高深的教法授與弟子，比起同時期的偉大上師毫不遜色。現在，她再度被認證為薩迦派最重要的傳承持有者之一。

另外，嘉都佛母（Chagdud Khandro）是嘉都仁波切的弟子及伴侶。她雖然不是藏人，但她與這位最純正的金剛上師相處多年之後，已被公認為最能啟發弟子的大修行人。雖然有些西藏機會主義者以猜忌妒羨的眼光看她，但是她還是勤奮不懈地為保存嘉都仁波切的傳承而努力。無論她是充滿信心地在法座上主持法會，或是在廚房裡清洗碗盤，她的謙遜以及全然自在的樣貌，絲毫沒有改變。以當今世界正在改變的趨勢，未來女性上師一定有非常光明的前途。

上師的古怪

有些上師從心靈的觀點是具格的，但弟子們卻需要面對他們怪異及反常的面向。

從世俗的角度來看，這種上師不是那種平常、可商量、易於相處的人，這並不是他們的目標。他們難以相處，既囉嗦又小心眼；他們不會成為你的哥兒們。你不會請他來喝茶聊天，不會跟他談論你的各種想法，不會向他傾訴日常生活的高潮低潮。你也不會邀請這種上師去參加如何領導寺院或佛法中心的會議。

當然，這都是非常主觀的。我看過許多弟子虔誠地追隨這種上師，而且很明顯的，這些上師也培養了許多很好的修行人。我曾遇見過一位西方女弟子，她剛剛去見過夏扎仁波切（Chatral Rinpoche）。我問她仁波切給了什麼指示，她說：「仁波切說，不要計劃任何超過三個月的事情。」多麼好的指示！我只能跟她說：「好吧！你的便宜機票泡湯了！」

也有一些偉大的行者，他們和藹可親、易於相處，他們是領導會議上不可或缺的人物。雖然他們不因此而比較遜色，但他們不見得就是好的上師。

弟子們應該學會從不同風格與方向的各種上師處，精明地萃取佛法的精華。

無法陳述的證書

這年頭，我們看到許多想要成為上師的人，到處收集高階喇嘛給他們的介紹信函或認證文件。從金剛乘的哲學觀點來看，這是非常荒誕可笑的事。這就好比要求一份證書，證明你會成為良好的靈魂伴侶，或者證明你有浪漫愛情的能力一般。諸如證書、文憑等所有這些道具，都只會把事情弄得更複雜而已，因為它們都成了參考點。況且它們還不一定是真的，因為現今，任何東西都可以用錢買到。

最近，似乎有特定的群體想要研製上師「職責說明書」，讓他們應負的責任更清楚。但是機構或證書永遠無法與密乘上師相容。千年以來，或甚至百年以來，都未曾聽過所謂的金剛乘上師的職責說明書或證明文件。在那洛巴或蓮師的時代，絕對沒有發放上師身分證的事情。

那洛巴無疑的是一位偉大的行者，他曾是聞名的那瀾陀大學校長。在當時，許多國王都贊助那瀾陀大學，他們也將子嗣送去跟隨偉大的學者學習。身為這個大學的校長，他的地位非常尊貴。但是那洛巴並不追求這種世俗的成就，於是他離開了。他的離開，才真正是最尊貴的。

設想北京大學或哈佛大學的校長辭了職，在貧民區裡到處尋覓，夜復一夜地和遊民及妓女懇談，結果獲得比教室及實驗室中更多的內容與意義。那洛巴在尋找的，是某種層次更高、無法在大學裡教導、超越一般邏輯的東西。為此，他不需要一份證書。

那洛巴也並非在尋求做為上師的新工作。他之所以成為上師，是因為他的弟子瑪爾巴在他身上找到了慈悲、智慧、關懷以及善巧的特質。瑪爾巴以身、語、意降服於那洛巴，因此他成了上師，噶舉派於焉誕生，帝洛巴與那洛巴二人共同被尊為創始者。

那洛巴深知，修持佛法的唯一目的是為了令自己以及一切眾生解脫。修持佛法的目的絕對不是要成為佛法上師。但今天，在需要傳播佛法的前提下，訓練佛教老師的主張卻如雨後春筍到處出現。

問題在於：這裡面有太多的騙子。有些騙子真的具備了一點佛法的知識，還有另外一些完全不懂佛法。但最糟糕的是那些受過教育、追逐名利的世俗騙子，他們不關心佛法，不關心眾生，卻成為最成功的老師。因為這些人，我們不能完全拒絕教師訓練及學歷證明的制度，至少它可以發揮一些功用。

搖舉成就的旗幟

缺乏獨立思考，就容易造成騙子的產生。我到東歐的時候遇見一群人，他們的老師是個名叫伊佑（Ivo）的羅馬尼亞傢伙。這些弟子千方百計、用盡各種狡猾的手段，企圖要我替他背書。我一下飛機就聞出來他們的詭計。他們一開始以真情不停地對著我讚美他，然後慢慢地堅持他應該得到我的確認。他們用古老的伎倆想要說服我，例如告訴我，其實已經有其他的喇嘛給他認證了，因此我的認證只會是錦上添花而已，像是蛋糕最上方的櫻桃云云。

如果有人高舉著某人背書的信件到處宣揚，那麼他大概有某些弱點，因為他無法為自己發言，所以他必須依賴一張紙。他不厭其煩地取得背書信件的這個事實，恰好證明了他完全不是信件上所想要確認的貨色。製造騙子最完美的方法，就是不靠獨立思考，而靠著一張紙。通常，你良好的判斷就能分辨事物是否真的、是否好的，而不需要依賴行銷或宣傳。

我曾經到過京都想去買一些金粉，用在文殊師利菩薩像的臉上。我到了一家七百年歷史的老店，它沒有招牌，也沒有廣告。進到店裡之後，我可以看得出來，這個家族對於維繫傳統品質的重視，勝過對他們產品的販售。他們知道，如果金子好到無可比擬，真正的尋覓者就會到來，甚至遠自偏遠的不丹。我因為帶的錢不夠，所以很尷尬無法購買，但是他們對我的待客方式遠比金子值錢。他們非常高興有人欣賞他們的產品，他們的名片簡單又美麗，我一直未曾分享給其他人，因為我感覺他們不希望被看熱鬧的人騷擾。他們不尋找客戶的態度甚為優雅，相較之下，那些搖舉證書的喇嘛實在極其不雅，與在曼谷街頭大聲嘶喊，想要賣 Prada 假錶的店家無異。

名人上師

有些弟子把上師當成電影明星一般地對待，他們掛著上師照片的項鍊，到處張揚，或在家裡牆上貼滿上師的照片，有點像是愛上了上師，但這比較像是一種迷戀，就像病人迷上心理治療師一般。這種狀況會變得很個人感情化，而且容易處理不當。

許多藏傳佛教喇嘛，還有一些泰國、緬甸，以及各種佛教老師都一樣，容許將他們的形象商品化，這件事情很令人困惑。這種宣傳的強度，通常與他們的不安全感成正比。他們覺得有必要銷售自己。在台灣，有些大乘比丘從舞台上的蓮花中緩緩升起，成千上萬的信眾因而欣喜若狂。這些心靈人士似乎在擔心他們會失去重要性，存在著一種「如果你不這麼做，別人就會取而代之」的心態；佛法似乎就像蘋果電腦一樣，需要努力維持市場優勢，否則三星就會擊敗他們。他們大量印製名片、袋子、旗幟、傳單，製作有喇嘛相片的徽章、宣揚上師豐功偉業的大看板……除了這些，難道沒有別的辦法去接引需要佛法的有情眾生嗎？！

在不丹第五世國王的加冕典禮上，許多重要人士都受邀參加。其中有一、二位藏傳喇嘛，他們熱中的不是加冕典禮本身。他們是精明的行銷者，事先準備好了一袋袋的名片以及寺院與課程的廣告傳單，還備有胸針等小禮物。時候一到，他們在現場忙著跑上跑下，唯恐有人沒拿到他們的禮物，他們咧著大大的笑容，對自己的社交手腕感到洋洋得意。

坦白說，我們很難去批判這種行為，因為你可以說他們之所以進行這種自我推銷，純粹是一片誠心，為了要拯救這些可憐貴賓政要的靈魂。或者你也可以說這種聒噪的宣傳，為的是要弘揚佛陀之語的善巧方便。到頭來，只有這幾位喇嘛才知道自己的發心是什麼，只有他們才知道自己的作為有多少是為了宣揚自己的議題、自己的基地與自己的王國，也只有他們才知道這些作為與世間八法③有多緊密的關係，例如播灑別人稱頌自己的種子，或建立免於日後受人批評的保護殼等。

通常這種聒噪的喇嘛很會與人結緣，而很多人也寧願相信這種角色。然而，另外有些偉大的上師，他們唯一關心的是佛法的延續，他們缺乏技巧，也不適應這種社交活動。經常這些殊勝的上師就不會受到人們的注意。

佛教徒不像末世基督徒或耶和華見證人教派一般，到處敲門希望把別人轉化為基督徒，但是有許多愛好宣傳的喇嘛，特別是那些沒見過太多世面的，以為這就是人們所要的。在某個程度上真是如此，這種演出似乎讓有些人非常喜歡。但以我個人來說，不擇手段、毫不保留的宣傳，讓我渾身不自在。

---

③世間八法：龍樹菩薩在〈致友人書〉的二十九偈頌中所開示，極利、衰、毀、譽、稱、譏、苦、樂。

另外，不論發心如何，某些藏傳喇嘛的宣傳方式，跟他們想要接觸的文化完全脫節。某種程度的訊息溝通是可以的，但他們應該想一想是誰在看這些東西。他們不僅不這麼做，反而在傳單上宣稱自己有多偉大，還把自己前世一長串唸不出來的名字印在上面。這對大部分的西方人來說，一點意義都沒有。如果我們弄一張傳單，宣揚某人是小羅斯福總統的轉世，將它交給藏人去看，他們的反應一定非常有趣。

位階

你的上師可能在完全意料不到的地方出現。上師的特質與他是否有位階或名分完全無關。你的上師可能是個清潔工、銀行家或學者，只要他能啟發你、引導你，讓你有信心去修持佛法，無論是誰都無所謂。

有些上師來自偉大的傳承制度，例如薩迦法王、大寶法王或達賴喇嘛等，他們的傳承都久遠而有名。他們很容易認證，你的尋覓工作也會比較簡單。他們的日程表都公開在網路上，在全世界各地也都有佛法中心。人們對於這種有制度的上師，容易生起較大的信心。它是一種相當實際的選擇。

另外，我們也有像巴楚仁波切，或當今的土登·尼瑪仁波切這種傳統，他們不屬於任何具有規模的寺院，也沒有隨從或施主。這種上師的名單不長，一方面表示他們為數不多，另一方面也代表這些上師寧可隱姓埋名而不願張揚。

因此，尋道者必須自我警覺。一位其貌不揚、狀似乞丐的比丘尼或瑜伽士，可能持有更好的傳承，因為在他們的上師還在世的時候，很可能接受到密乘中所謂的「上師心意移轉」的是她，而不是另外那位愛炫耀的喇嘛。

薩迦派的噶通．戛旺．列巴（Gaton Ngawang Lekpa）並不是有名的高階喇嘛。事實上，他既窮困又滄桑，人們叫他Gabenma，意即「噶」處來的浪人。他聽聞到偉大的上師蔣揚．欽哲．旺波，便前來想要接受道果教授。但是前後總共五次，他從大眾中被挑出來驅逐出場，最後才終於被允許參加法會的開示。雖然蔣揚．欽哲．旺波有許多來自各個傳承、大名鼎鼎的弟子。但到最後，把整部道果教法傳遞給他的轉世蔣揚．秋吉．羅卓的，卻是噶通．戛旺．列巴。

當秋陽．創巴剛到美國時，他是否來自蘇芒寺（Surmang）對他的美國弟子而言完全不具意義。同樣的，噶瑪噶舉傳承對他們也不重要。美國弟子只是單純的被他與生俱來的導師特質——他的卓越、慈悲以及善巧所感召。這是開始上師—弟子關係最健康的方式。

所以，在你要追隨某個有證書、有位階的人，或某個經常張貼他與高階喇嘛自拍照片的人之前，應該先檢視一下自己的動機。也許你只是要找一位高不可攀的人來滿足自己而已；或者你對佛法的虔敬心及理解力已經高深到久久見一次上師，遠遠地望著他就能得到所需要的一切；或者你太膽怯而不敢親近上師，因此找一位弟子多到應付不來的人。但是，這也並非說上師必須經常在你身邊。上師不像你的手機，需要時就垂手可得；但他必須像你的醫師，直接的溝通必須存在。

喇嘛的位階縱然在根本上沒有必要，但它還是可以有點作用。制度與頭銜可以提供某種程度的安全性。如同前往熱門的餐廳可能比較安全，因為它們被記載在旅遊指南上；同樣的，知名喇嘛有很多人的認可與背書。然而，制度不是絕對的保證，名聲也可能是花錢買來的。就餐廳而言，你永遠可以親自去查看、經驗，但在心靈的世界裡，結論就不是那麼容易下。

總之，所有正在尋覓上師的人，都不應該只往一個方向找，而應該超越頭銜或頂冠去尋找。他們也應該超越自己對理想上師的浪漫想法，不論那是苦行僧或是瘋狂智者。

當藏人教導非藏人時

西藏人已經在世界各地教導非藏人一段時間了，但真正能夠將佛法教導給西方人的，少之有少。恕我直言，即使在我這一代最卓越的導師們，縱然在西方文化沉浸已久，他們還是像在西藏一般地持續教授佛法。事實上，許多導師變得比以前更西藏化，也許是因為他們離鄉背井，因此對自己家鄉產生更強大的責任感與忠誠感，於是他們的「西藏性」就更加膨脹了。

藏傳喇嘛在美洲、澳洲、歐洲各處都建立起社區。許多不知道佛法真正是何物的西方人，完全傾倒於他們在這些地方所發現的西藏文化。由於文化可掌握又可經驗，有些人就覺得吸收這些文化非常新鮮有趣。他們對於大家都穿著同樣的衣服感到興奮，對於一起聚會、同聲合唱也感到振奮，他們有一種「共聚一堂」的安全感。更特別的是，例如「紅色代表慈悲」或「藍色意即空性」等這些文化配件，可能都跟佛法有關。如此一來，帶有各種文化飾物的西藏人就容易造成溝通上的誤會，人們要區分什麼是基本佛法、什麼是象徵佛法，變得相當困難。

但是，我們不能說這些文化飾物完全沒有作用。事實上，這些異國的面向縱然有其風險，但也可能對人們非常具有吸引力及啟發性。

政治人物上師：恰如在加德滿都駕駛法拉利跑車

當某位藏傳喇嘛教導一個牧民時，牧民所想要的可能只是健康、富裕的加持而已，而不是追求證悟。這類加持在西藏的環境有它的作用，就像在世界上其他地方，巫術（Shamanism）或者算命各有其作用一般。人們找喇嘛來指點家庭或社區的俗事，因此在某些情況下，喇嘛變成社會耆老或甚至統治者。

被尊崇為心靈上師的人升座成為國王，這並不令人意外。縱然現代社會把獨立自主與自由完全理想化了，但我們還是在某些面向上渴望有人給予方向與指引，甚至專制獨裁。我們希望有人告訴我們怎麼做。這種被指引的渴望，在我們尋覓上師的發心上潛意識地會扮演某種角色。我們是在尋找一位獨裁者、一個母夜叉，而不是一位上師。

我們可以崇拜外在上師或對他祈請，但不應該因而造成與內在上師的失聯。我們並非向著全能、獨立的創造者去祈請；有個外在上師的全部目的就是要勾出內在上師，就是要教導我們如何進入過去念頭與未來念頭之間的空間，而且可能的話，安住於其中。這個當下就是內在與秘密上師。即使我們曾經如曇花一現地遇見過這個狀態，能安住其中超過一剎那，是非常稀有的。我們甚至沒有想要達到這種狀態的習性。

對上師的虔敬心可以幫助我們培養這種習性，但我們不能期待上師幫我們完成這項工作。我們可能由於上師的魅力、法力、頂冠、頭銜、法座高度、頭銜，以及其他所有的道具而對他敬畏無比，我們可能覺得他總是會引導我們、照顧我們而感到心安，但是如果我們不能利用外在上師來開發出內在與秘密上師的話，那麼我們就永遠留在原地踏步。若是如此，我們只會天天被是否會中彩券，男友是否跟另一個男人眉來眼去等這種煩惱，不斷地疲勞轟炸而已。

內在及秘密上師一直都在那兒——近在咫尺，又遠如天邊。但要直達內在上師是不可能的；即使我們修行，還是要以精進及正念將修行轉為對治習氣的藥方才行。這就是我們需要上師的原因。但是由於上師的影響力、魅力、心靈能力與善巧方便都太大了，我們經常就忘了這個目的。結果，我們向上師提出各式各樣與證悟無關的世俗問題。當然，心靈性與世俗性很難區分，事實上，把世俗生活轉為心靈生活正是我們的目標。但在途中，我們常常忘了將外在上師用在其主要的目的上。這是非常浪費的作法，就像在加德滿都街上駕駛一輛法拉利跑車一般。

人們崇拜與磕頭的習性，已經污染了純正的上師—弟子關係。因此，在西藏的金剛乘變得混沌不清而且令人困惑。反之，在印度，像哈里巴扎大師（Haribhadra）者，他們純粹只是做為密乘上師而已。你也從未聽說過像撒拉哈這種偉大的上師變成大寺院的住持，或者提倡世界和平、人權或零污染等議題，還附贈溫馨甜蜜的汽車保險桿貼紙。

這並不是說金剛乘上師不能成為國王或皇后，他們愛做什麼都可以。事實上，在印度，曾經有許多密乘大修行者是公眾人物，甚至是皇室貴族。例如，印札菩提王（King Indrabhuti）就是密乘行者，但他並不張揚。他可能在夜深人靜、沒有公務的時候，會有密乘弟子來造訪，但他的心靈生活與宮廷生活完全無關，也與國政無關。

歷史上，在印度的密乘行者為數極少，只限於非常精進而秘密的一小群人，他們絕不公開張揚其信仰。我們沒看過印度密乘上師給予千百人灌頂，展示密乘儀式或壇城的任何記載。從今天的角度來說，這就好像你私下決定道格拉斯（Douglas）就是你的國王，但他人完全不知，而且你們二人也確定沒有人在偷窺。這種秘密的面向維繫了密乘的純正無染。但在西藏，大型的灌頂幾乎是不可或缺的儀式，而這也成為當今密乘弟子繼承的習慣了。

當心靈之道與世俗事務交纏，當上師成為制度化的機構，墮落就會出現。一切都會變得組織化與平庸化。這種現象日益嚴重，無法解決，我們只能理解這是正在發生的狀態。當然，並非所有制度化的上師都不好，許多上師也都非常特別，例如第五世達賴喇嘛就常令人難以想像：他是一統江山的人，政治手腕狡黠有力，但他又是一位具有極大心靈貢獻的修行人。

巴楚仁波切曾說，雖然我們可以同時騎著世俗與心靈的兩匹馬，但我們的重心幾乎一定會傾倒於世俗事務的那一邊。心靈面向終究會變得薄弱無力，而世俗面向會占領全部。因此，許多西藏人最終都變得忙於領導寺院或政務，而疏於領導他們的金剛乘弟子。

愈是末法時期，教法愈為有效

上述的所有這些想法可能令人相當氣餒。似乎在這個物質主義掛帥、資訊膨脹、懷疑論盛行的今天，上師—弟子之道已經不可行了。然而古訓有言，佛陀的教法，特別是金剛乘教法，在末法時期會比其他時期更為有效也更為快速。我們負面的情緒也許達到了有史以來的最高峰，我們可能比往昔的眾生犯下更多的惡行，然而，這也正是佛法—尤其是偉大的密乘傳統，產生強力反響的時刻。

如同傑尊心髓（Chetsün Nyingtik）教法中所說：「在末法時期，眾生被強大的情緒如熊熊大火般折磨。如果在其中加入柴火，火勢會更大。相似地，各種善行，特別是金剛乘教法，尤其是大圓滿教法，會變得更深奧、更有力。」

西藏人與分析

過去在西藏，對於弟子分析上師的概念曾經非常支持。歷史上有許多關於修行者測試上師的記載。然而這種分析的文化漸漸被遺忘了，取而代之的是磕頭的習慣。

©Ueli Alder

「在末法時期，教法——特別是高階教法——會更有宏大的效果。」——佛陀領導統御搶走了心靈性的光彩。

假設在喜瑪拉雅山王國中，有個「金正恩」似的領袖，他正好是個密乘行者。在這裡，法律規定王國子民對他們親愛的最高領袖不能有任何質疑。但如果有個美國人前來造訪這位「金正恩」，但他的目的只是想要面見一位密乘上師，而不是要移民入籍的話，他就不見得會強迫自己一定要服從當地的法律而不去質問「金正恩」某些問題。這個狀況，對雙方而言都是困境。「金正恩」必須知道如何將他的政治權力與心靈教法分開才行。

西藏人經常批評西方弟子，他們會想：「唉！西方人不知道怎麼端坐。他們坐下時老是把腿伸出來。」最糟的是，他們還批評西方人分析上師，但這卻是每個弟子都應該做的事。但是，當一個英國人走進當地的某個藏傳佛教中心去見金剛上師時，牆上並沒有張貼鼓勵他批判的紙條，也沒有關於如何分析上師的傳單。也許這些都應該存在，因為即使這些發揮不了什麼作用，至少也能讓人們生起必要的懷疑心。

當然，分析也有它的限度。中國有個民間傳說，敘述元朝有位皇帝一直無法從薩迦班智達（Sakya Pandita）處得到適切的教法，原因是他一而再、再而三的測試他。即使薩迦班智達早已被公認是偉大的上師，皇帝的懷疑習性卻無法停止。最後，應該做為皇帝上師的薩迦班智達圓寂了。傳說中說，因此皇帝只好從薩迦班智達的姪子，八思巴（Drogon Chogyal Phakpa）處接受教法。

如果你真的想追尋真理，那麼到了某個程度你就必須做個結論。否則，你會像元朝皇帝一樣，最終浪費了自己的時間。如果你一直分析某人，就一定會找到缺陷。

這種缺陷不一定是外在的。如果分析者受到期待與恐懼的束縛，他就很可能找到無止盡的缺陷。任何人，即使是佛陀，也無法令每一個人都滿意。佛陀的堂兄弟提婆達多就很討厭佛陀，終其一生都在批評佛陀的所作所為。雖然每個人都視佛陀為完美的聖者，提婆達多卻不以為然。

展現虔敬心

有一回，我到德州去找我的老朋友吉姆（Jim），我事先沒通知他就到了。由於我住在他家，他又無法臨時取消朋友來家裡聚餐的約會，於是他就要我一起共進午餐。他的這些朋友都是國家槍枝協會（NRA）的會員，全是死忠的共和黨人，我想其中有些人的親戚甚至還是3K黨人。他把我介紹給他們，說我是他的「朋友」，而不說是上師。

當然，吉姆不希望讓他的朋友以為他受到支使，或者被某個來自喜瑪拉雅山的投機上師占了便宜。我們都喜歡自由、獨立、自主的概念。而「上師」這個名稱卻隱約有降服的意思。他不希望朋友嘲笑他跟著一位騙子而不自知。這點我完全能理解。

但是，當他的朋友都回家了之後，我要吉姆做任何事他都願意，甚至還有點過了頭。我猜想，雖然經過這麼多年，他對於密乘上師虔敬修持的理解，還是有限。他似乎不太敢質疑我，好像密乘系統不容許獨立思考、懷疑或分析一般。這是很不幸的，因為事實上密續非常強調獨立思考的價值，特別是在法道剛開始的時候。它並非暴君之道。他是否只是將上師看成一個控制者？他是否覺得他以純粹的服從來參加某種異國文化的儀式？還是他真正看出上師即是法道？

對比之下，另一個例子是蘇珊娜．布魯（Susanna Blue）。我親眼看到她在大庭廣眾下過分展現她對上師的虔敬心，而讓想要成為佛弟子的人打了退堂鼓。她只要看到任何一位喇嘛，不論當時是什麼情況就急著行大禮拜。她不希望自己看起來缺少虔敬心。這種不得體的行為顯示出她的短視與不負責任。有些弟子在對上師表達愛慕與虔敬的過程中摧毀了上師的形象。他們的上師可能在某個隱匿之處閉關，弟子卻利用此事來大力頌揚上師。

我可以接受吉姆不告訴他的茶黨（Tea Party）朋友，他有這個喜瑪拉雅上師，但我希望他的謹慎是為了不讓他人對金剛乘有所誤解，而不是來自於羞愧。直到他選擇了「再也無所選擇」之前，他要介紹我是家中打掃的幫佣也無所謂。

所以，你有分析的自由，而且你也應該這麼做，但是到了某一點，你必須進入下決定的世界，這需要勇氣。這是很可怕的，因為分析像是扶手欄杆，它可以支撐你，提供安全感。理智的心將事情合理化，一切都檢查過了，所以你感到舒適。但從此處開始，你必須一躍而過。

當你終於決定：「好。這個人將是我的上師」時，你的懷疑不會一夕之間就全部消失。雖然你經過了很多分析才做這個決定，並不意味你就完全沒有懷疑。然而，現在是你的決定在帶頭。你甚至可以告訴你的準上師說：「我已經決定要成為你的弟子，但是我偶爾還是會懷疑你。」上師必須能夠理解。如果上師期待你一踏進門就完全沒有懷疑，那麼他就是個蠢蛋，事實上，他就不是上師的料。

文化上的挑戰

隨著我們的演化，文化也跟著轉化。雖然文化是傳遞佛法的載體與媒介，但它同時也是最大的禍首。舉例說，儒家文化在中國非常強大，他們非常尊崇老師、長官與父親的角色，但這卻經常與密乘的上師概念相互混淆。要區分大便與黃金很容易，但是要區分擦亮的銅與黃金就相當困難。同樣的，許多儒家的價值觀，例如「尊師」，與金剛乘的上師虔敬原則看起來非常相似，但實際上它們絕然不同。

雖然西藏文化對以色列人可能毫無意義，但金剛乘上師可能還是會把西藏文化強加於一個以色列弟子身上。當然，如果一位證悟的上師把西藏式服裝、西藏式食物，甚至西藏式的思考方式，都要弟子強迫接受，而終能摧毀弟子的以色列我執及習性的話，那麼這可以被視為證悟法門。然而，最終，如果佛法要在西藏以外的地方立足，我們就需要釐清文化與習俗才行。要被傳遞的不是文化，那不是重點。如果你是以色列人，不論你對西藏上師有多虔誠，在此生中你會變成西藏人的機率是零；反而，你能觸及佛性，運用恰當的方式讓自己從迷惑中覺醒的可能性相當大。

這沒有對錯可言。你不能說文化飾物完全沒用。幾世紀以來，西藏人都沒見過蓮花，因為蓮花不生長在西藏。他們唯一知道的是蓮花生於污泥中，但他們還是畫蓮花、觀想蓮花，它一直是非常重要的象徵。另外，「滿願牛」也是一樣：西藏以前根本沒有牛。文化圖象與符號有它的目的，它們本身絕對不是佛法，但可以藉由它們來溝通佛法。

好上師的檢視清單

我們如何認清某人是純正的上師？這很不容易。列舉上師必要功德（特質）的清單，總是主觀的。因此，在檢視清單上勾選，也只能幫助你到某個程度而已。不論是追隨吉姆．瓊斯（Jim Jones）、奧修（Rajneesh）、舒雅．達斯、索甲仁波切，或是達賴喇嘛的人，在奉獻出專一的虔敬心之前，一定都做過某種程度的分析。

當今的世界雖然非常物質取向，但是還有極大的道德評判習慣。當年赤松德贊王將自己的妻室耶喜．措嘉供養給他的上師蓮花生大士，過了幾年，蓮師又要耶喜．措嘉去做阿闍黎薩勒（Acharya Saley）的伴侶，這件事在當今世界的道德觀念上，能被接受嗎？我們能眼睛不眨一下地接受這種安排嗎？這種三方關係在今日是無法想像的，甚至還可能是犯法的。

雖然沒有所謂終極的檢視清單，但是有些基本的準則，即使我們的能力有限，還是可以概略地拿來用運用。由於只有證悟者才能認出另一位證悟者，因此我們不可能知道某位心靈導師是否具足一切功德。下列這些一般性的準則，歷經過好幾個世紀的測試，因此最低限度，它不會有任何壞處。

在今天，要依據古代密續經典所描述的神聖功德去找到這樣的上師，幾乎不可能。但是在大乘經典中，佛陀教導我們，如果無法找到具格上師時應該如何。他說，如果你遇見某人宣說佛性，你應該尊崇此人一如佛陀。如果你想一想：這世界有多少數以百萬計的人，他們所談論的都只是食物、服裝、銀行存款等，而完全不可能談到佛性，你就了解為什麼佛陀會這麼說了。

在這個末法時期，如果你能找到一位上師，即使他只具足下列之中少數幾項的功德，那麼你就應該考慮接受他做為你的老師。因為這種人非常稀有，而且還瀕臨絕種。

好的上師

- □已經證得究竟的見地
- □心胸開放
- □不太情願教導
- □具容忍心
- □博學
- □嚴守紀律
- □仁慈
- □擁有傳承
- □能與時俱進
- □為人謙遜
- □對你的荷包、大腿或腳趾頭都沒興趣

- □具有活的上師與活的傳承
- □虔敬三寶
- □相信業果法則
- □慷慨布施
- □能帶領你到善的環境
- □已經調服身、語、意
- □溫和柔順
- □具足淨觀
- □不批判
- □遵從佛陀的紀律
- □不批判
- □畏懼惡行
- □寬恕心
- □善巧

已經證得究竟的見地

如同蓮花生大士所說，我們的見地應該像虛空般的廣大，而我們的行為應該像麵粉般的細膩。我們經常可以從上師對他自己的行為有多吹毛求疵，而猜到他是否持有見地。而他的行為與見地之間有多一致，也代表他的心有多寬廣。

但是，要看某個人是否具有究竟的見地，一個很好的指標是看他是否對任何有關業果的事都特別挑剔，例如：不踩踏小蟲子。與此相反的人則會說：「一切都是空性。」一言畢就打死一隻蚊子。有些人認為證悟者可以為所欲為，事實上，全然的證悟者不會落入任何極端。有兩個故事可以用來說明：

故事一：有兩位比丘使用密乘法器在修法。其中一位雖然不是很有學識，但他非常虔誠，是個很好的修行人。另外一位不是個好的修行人，卻飽讀經典，還能背誦各個法本。在茶歇時，飽學的這位比丘把金剛杵放在地上。修行人比丘警覺到，便質問他：「你怎麼把這麼珍貴的密乘法器放在地上？」飽學比丘訕笑而言：「你根本不了解金剛乘！在金剛乘裡，金剛杵是不動佛，而大地是佛眼佛母空行（Buddhalochana Dakini），他們是佛父佛母，因此金剛杵放在地上是正確的！」這位比丘所說的沒錯，他的知識是正確的，但在我成長的過程中，聽過這個故事數十遍，都是老師拿來訓誡我的。他警告我，絕對不要有那位飽學比丘的行為，因為金剛杵是儀軌法器，因此不論如何都要謹慎尊重。

相對之下，另一個是兩位比丘過河的故事。兩位比丘走到河邊，正要涉水過河時，有位女士走過來，焦急地請求他們幫助。年紀較長的比丘就背了她，過了河，上了岸，把她放下，然後就各自前行了。約莫一個時辰之後，那位一直忐忑不安的年輕比丘終於開口了。他說：「你身為比丘，怎麼能背女人！？」老比丘回答道：「你怎麼到現在還背著她不放呢？」

具有廣大見地的人，對業果會戒慎恐懼。有些人殺了生之後會辯稱：一切是空性。他們聲稱：在究竟上無眾生被殺，也無殺生的行為云云。畏懼業報的人，會遠離這種自我合理化的人，他們會比較喜歡來自我的家鄉貢波的班恩（Ben from Kongpo）這種人。

貢波的班恩前去拉薩朝聖，見到了覺沃佛像（Jowo Buddha）後極為觸動，心中充滿了虔敬心。但他擔心去繞佛時鞋子會被偷走，所以他請佛像幫他暫時拿著鞋子。繞完佛，他把鞋子從佛像的腿上拿回來，並且謝謝他的仁慈。他說：「哪天請你到我家來喝一些我自己釀的米酒。」佛像也回應了，應允他會來，他們甚至訂下了春天的一個日子，這是覺沃佛像少數幾次開口說話的時刻。春天到了，有一天，貢波的班恩的太太從河邊打水回來，告訴他說，她見到一位從拉薩來找他的人，站在河中央。班恩以為覺沃溺水了，急忙奔跑到河邊，跳到河裡，抓住了他，把他帶回家去。後來，人們在貢波建造了第二座的覺沃寺廟，來紀念班恩以及他的訪客。

如果你的上師有空性的見地，他就會畏懼業果。他也更會受到貢波的班恩的鞋子所感動，而不會被那些打死蚊子後，還道貌岸然地想要合理化的人之企圖所動搖。

心胸開放

上師應該能心胸開放地接受不同的文化與習俗。舉例說，如果上師是西藏人，他應該對於一個誠摯的澳洲嬉皮弟子所供養的多年珍藏貝殼，與中國弟子所供養的一公斤純正黃金，以相同的歡喜心欣然接受。心胸開放的上師雖然面對的是一個強烈相信靈魂而且經常將之與佛性相互混淆的美國人，他還是持續地有教無類。心胸開放的上師應該了解那些佛法浪人的習氣，知道他們反抗體制、提倡以物易物的社群，並不一定與出離心的修持有關。心胸開放的上師應該理解，為何他的女同志弟子在觀想與佛父雙運時會有困難。心胸開放的上師應該了解，為何猶太人不太容易接受一切事物都是過去因緣的產物，而沒有所謂對錯的分別。心胸開放的上師應該知道，他的中國弟子愛面子的習氣，不必然與畏懼做錯事情有關。心胸開放的上師應該理解，為何瑞士弟子不太會欣賞所謂的「滿願牛」。

不太情願教導

你應該特別注意那些不是很熱切地想要成為你的根本上師的人。他可能比那些野心勃勃的人還更具有根本上師的功德。通常，不太情願教導的人，往往是最佳的老師。

具容忍心

許多上師都說他們直話直說，想到什麼就說什麼，不經過濾，也沒有任何禁忌。但如果他們是這樣的人，就應該要有容忍之心，就應該勇於承擔。但通常的狀況是，喜歡批評別人的上師，都不太能容忍別人對他的批評。有個檢視的方式，是看看上師怎麼處理對他不利的報導。上網查看一下，這位上師有沒有被報導過醜聞？如果有的話，他如何反應？看一個人對於世間八法——也就是讚譽與譏毀、收穫與損失、名聲與無名、快樂與痛苦——如何處理，就很容易看得出來他是什麼樣的人。

博學

我們既已身處二十一世紀的第二個十年，福德又僅止如此，堅忍力與心靈追尋能力又相當薄弱，因此只好依賴學術成就這種外在的指標來評斷上師。對佛教的各種傳承與部派都博學又尊重的上師，對弟子而言特別有效。即使他們沒有時間對各種學派或傳承做過徹底的研究，只要他真正尊重其他傳承而不只是口惠，那麼對弟子而言，至少是相當有利的資源。當這種上師發現弟子需要某種他所不能提供的教法時，可以替他們指出正確的方向，就像足科大夫把頭痛的病人送去精神科治療一般。但是，許多有門戶之見的上師，常會堅持給弟子治療腳痛的藥，而不給頭痛藥，因為這是他們僅有的。如此一來，可能會造成很不幸的後果。

學術訓練是上師非常重要的品質之一，這也是最容易查證的。反之，要知道上師經由直覺、思惟或修持的成就有多少，就比較困難。學者型的上師會很願意開示有關見地、修持與行止的主題。如果上師口才好，至少弟子們可以分析得比較快，比起完全不說話的上師來得好。如果上師沒有下過太多研讀的功夫，他可能就會逃避弟子有關經典的問題，或顧左右而言他。因此，初學者應該經常詢問有關經典及釋論的問題，大膽一點的，還可以詢問上師研讀過那幾本典籍。其中特別重要的，是關於中觀與般若波羅蜜多的聞、思、修。

對佛法缺乏理解的上師，通常只會強調各種儀式，例如做煙供、水供、火供或進行繁複的大黑天修法等。他們不會教導「見、修、行」，只教導「行」。結果，弟子們珍貴的生命，就這麼一點一滴的浪費掉了。

另一方面，如果上師過分強調空性的見地，也會讓弟子失去對「修」與「行」的重要性。弟子可能因而不重視因、緣、果，或認為：「反正一切都是空性，我愛做什麼就做什麼。我不需要點燈，不需要做大禮拜，不需要修法，也不需要吃素。」

如果上師不強調菩提心，他可能就會剝奪弟子利益他人的福德。同樣的，如果上師只強調修持需要執著的「止」，卻不教導修持非執著的「觀」，他可能就會剝奪弟子接觸見地的開放、廣闊、自由、任運與不造作的修持。但是，如果上師一開始就教導非執著的修持，卻不強調「止」這種可以調服自心的基礎修持，那麼弟子修持的清新度就會折減。

在任何時候，上師都需要善巧地平衡智慧與方便，否則就無法饒益弟子。通常，博學的上師明顯地比較具有這種技巧。

嚴守紀律

要判斷上師持守紀律的程度有多少，幾乎不可能。我們可以問：「他們實踐了多少他們所說的？」「他們言行一致嗎？」但這是很難確認的事。我們永遠無法知道某人的成就如何。

©Alberto Polo Iañez

吉美林巴對聖者的定義

你可能會遇見不為世間八法所動的人，這種人絕對是在成為聖者的道路上邁進。你也可能遇見完全牽扯於世間八法的人；這種人絕對就是聖者。

目前，你可以試著觀察他對眾生有多少的關懷，例如，他們花多少時間在利益他人？多少時間在擔心自己？此外，他們有多仁慈？這是最重要的特質，但終究也是最難判斷的。

我們學習的對象，至少應該看起來像在修持禪定。上師若是看起來有在修持，會讓我們激勵；上師若是戒行清淨，會讓我們敬畏。然而，可能有人會問：如果你認為上師已經圓滿證悟，為何他還要修持？我們可以如此理解：上師在教導我們如何修道，一如大廚師指導弟子如何烹飪。見習廚師看著大廚師做出無可挑剔的美食之後，他們可以根據大廚師的示範來自我練習。

仁慈

所有的有情眾生之中，沒有任何不對真誠的仁慈感到歡喜的。通常，言語撫慰又帶鼓勵，同時又不怕用堅定的態度來對待我們的人，讓我們獲益最多。

但是，即使仁慈也可能是演出或作戲，很難知道是真誠與否。你想知道的話，可以在事情天翻地覆的時候，觀察上師是否持續地和善仁慈。如果上師在有衝突的狀況下，還是表現出仁慈寬大，那麼，在此末法時期，你不能要求更多了。

縱然仁慈是上師重要的功德之一，但是切記：我們對上師行止的詮釋，很容易被情緒所蒙蔽。經常我們說某人很仁慈時，只是因為他應允我們的願望，滿足我們的欲求，因而讓自我感到舒暢而已。我們也不容易觀察上師是否在各種情況下都持續地表現出仁慈。仁慈不一定就是把你認為好的事物給你。在佛法中，仁慈是上師為了帶領你更趨近真諦的行為。因此，瑪爾巴對密勒日巴的嚴厲對待，是徹底的仁慈。

上師應該像一個母親，她唯一的小孩發瘋了。她對這個受苦的小孩會付出更多的慈悲。上師必須了解如何培養仁慈的文化。如果上師對他人仁慈，那是好的徵兆，因為你也可能受到同樣的待遇。俗諺說，看到煙，你就會看到火。

仁慈是菩提心的基礎。展現仁慈者，很可能就具有菩提心。對一切眾生具有真誠的菩提心者，就可以成為你的上師。

擁有傳承

如同前面說過的，在此末法時期，要找到一位具足一切必要功德的上師，幾乎不可能。因此，即使你只能找到具足少數功德的老師，就應該考慮接受他做為上師。但是，其中有一個不可或缺的功德，那就是純正的上師傳承。如偉大的薩迦上師葸巴．格堅（Drakpa Gyaltsen）所說，沒有傳承，就沒有加持。傳承建立起類似血統的東西，而且是法道上絕對必要的。傳承是歷史，它能證明真實性。有傳承就有法道，而且是被驗證過的法道。

任何自一處通往另一處的道路，都是因緣的產物。佛教法道也不例外，其重點就在利用並處理因緣。在剛開始時——而且特別在此時——我們一方面努力不再積聚負面的因緣，另一方面學習如何運用正面的因緣。最終，我們積聚特殊必要的因緣，來讓我們完全從因緣中解脫。

對金剛乘修行者而言，對的因緣是最重要的。在眾多的因緣之中，傳承正好是最具決定性的一項。從根本上說，在我們人類心中，傳承是讓我們確認教法與教師真實性的緣。傳承是個參考點：你可以參考在你的上師之前，所有的傳承上師有過什麼成就，因而讓你對教法及教師生起信心。

傳承的所有上師們，就像樓梯的台階一般。在金剛乘中，階梯最頂端坐著一尊藍色的佛，一般稱為本初佛，有時又稱為普賢王如來（Samantabhadra）或金剛總持（Vajradhara）。本初佛是超越歷史的，「他」超越人類，「他」象徵你心的本性。上師傳承就是帶領你通往本初佛的階梯，雖然這整個階梯是一個幻相，卻是必要的幻相。你踏上的第一階是最重要的，而這一階，就是你目前的上師。

身為佛教徒，我們隨喜自己是悉達多太子的追隨者。悉達多太子在兩千五百多年前誕生，歷經各種苦行，他在前世也有許多偉大的事蹟，最終在菩提樹下擊敗了魔羅，證得正覺。現在我們都是他的追隨者。但問題是：誰教導了佛陀？

懷疑論者會說：兩千五百年這麼久了，當時又沒有佛陀話語的錄音科技，弟子們也只依賴著口耳傳遞，未曾書寫記錄下佛之語。可能有人會質疑：我們宣稱自己追隨這位兩千五百年前與柏拉圖或亞里斯多德同時期的人，但是我們所相信的內容，有多少是佛陀實際教導的？這一切會不會都是失真的口耳相傳？

身為佛教徒的我們，公開承認歷史上有很多釋論者從中介入。事實上，我們還讚頌他們，我們得意地鼓吹龍樹與月稱。有人問：「我們怎麼知道佛陀偉大？」根頓．群培（Gendun Choephel）的回答是：「因為龍樹這麼說。」那為什麼我們相信龍樹？「因為月稱這麼說。」我們如何知道月稱是正確的？「因為我的上師這麼說。」那你如何證明上師是對的？這部分就看你了：你必須自己做決定。

這種對自心的依賴，就是密乘內在上師為什麼這麼重要的原因。內在的佛不需要在自心之外尋找，密續介紹了無數的方法，讓我們得以發現並持守內在的佛。擁有無礙的內在佛陀做為傳承的基礎非常重要。因此如果用最世俗的語言來描述最深奧的概念，我們可以說：是內在的佛教導了佛陀本人。

受過金剛乘思惟方式的人，可能會認為這些關於傳承的論點，分別我們、他們，

©Antonio Polo

你手中的那粒大麥種子，來自曾經存在過的億萬個大麥種子。

©Junya Suzuki

傳承不是接力棒

傳承不像接力棒，從一個人傳給另一個人，結果前一個人手中空無一物。它比較像油燈的火焰；你點了一盞燈之後，再繼續用它來點燃更多盞燈，第一盞燈還是有火焰，而且其間毫無分別。在這之間有所延續。

是非常二元的，因此是負面的。造成痛苦最普遍的成因，就是二元分別的心；而最大的毀墮，就是分開主體與客體，分開相對真理與究竟真理（世俗諦與勝義諦）。能讓你從這種痛苦解脫出來的魔術，就是證得究竟與相對的不二。是的，傳承的概念非常二元，但是利用這種二元的方法，它可以引領你實證非二元，因此它不可或缺。傳承，是連繫相對與究竟最直接的方式，而在目前，我們需要這座橋樑。你只能在輪迴之中找到涅槃，你只能在煩惱中找到智慧。你無法藉由袪除煩惱而找到智慧，你只能在非真諦中找到真諦。

非二元，並非意指有兩個東西結合成為一個。它們從來都不二，但我們二元分別的心卻將它們分開。這是法道上的挑戰。由於目前我們無法看見「合一不二」，因此修行者只能在可見的二元分別上下功夫。我們必須「某種程度上」接受這種二元分別，因為如果能完全理解合一不二，那麼我們就已經證悟，根本不需要法道。但以目前的狀態來說，我們必須身處二元分別心的場域，說二元分別的語言，而且，只有從這個立足點，我們才能試圖了解類似「一味」的概念。我們不時還要使用「合一」這種意味著二者合而為一的錯誤用詞。

歷經多年，帝洛巴以各種苦行測試過那洛巴之後，終於決定給他第一座灌頂。他將整座勝樂金剛壇城展現在那洛巴面前，然後問他：應該向帝洛巴還是勝樂金剛頂禮？那洛巴心想：他隨時都見得到帝洛巴，但這是一個難得的機會親見勝樂金剛，因此他就向著本尊頂禮。為此，他被帝洛巴痛斥一頓，竟然不知道本尊與上師無二無別。

能與時俱進

佛陀教導我們，對毗奈耶（戒律）的修行要與時俱進，要因時、因地而調整。時日一久，煩惱的本質、執著、參考點、神經質等，也會隨著文化的演變而改變，因此解決的方法也要與時俱進。

與時俱進與傳統並不相互排斥。上師不應該堅持弟子一定要照著西藏唐卡上的卡通風格來觀想；如果弟子希望將供養天女觀想成比莉．哈樂黛（Billie Holiday）的模樣，應該也無妨，因為這不會改變修持本身。類似地，如果弟子希望在曼達盤上加上類似耳機或假睫毛等供品，上師也應隨喜之。

為人謙遜

人們有時會說某個上師具有「心靈天賦」或「心靈能力」，他們真正的意思是什麼並不太清楚，也許指的是「他心通」或某種療癒的能量。在密乘中，如果喇嘛有這種天分能用來利益他人，那是很好的。但這種特質並不比某個喇嘛很會挑選領帶好到哪裡去。這種能力可能會讓某些人津津樂道，但如果上師無法傳介證悟，那麼他就一無是處。

類似地，如果上師從事神聖的工作，像是探訪生病的兒童，或照顧無家可歸的人等，從密乘的觀點來看，這不比裸身躺在釘床上還了不起——前提是，如果你的目標是證悟的話。當然，面容看似慈悲的喇嘛可以為人榜樣而啟發他人的慈悲心，但是單手折彎鐵湯匙的魔術也可以達到同樣的目的。魔術可以讓你突然覺醒，提醒你這一切都只不過是自己的感知，這可能也會引導你去證得心性。

某些上師聲稱曾經受到特殊心靈悟力的賜與，因而轉變了他們一生。我也聽說過在西藏某些上師的舌上，有自生而成的種子字。雖然有人嘲笑這位上師以及追隨他的真誠佛法修行者，但從我信任的人口中都說親眼看過這個徵象。這些人是研究員、生物學家，而不是吃了迷幻藥或那種相信靈光療法（aura healing）的人。至於我的上師所提過的特殊功德，都歸屬於他們自己的上師，他們從來不會說自己與上師的程度相同。這種謙遜啟發了很多弟子，也讓我對於自己想要炫耀的野心以及令人注視的企圖，感到臉紅。

雖然這不是絕對的準則，但通常追隨淡於名利的上師比較安全。當然，某些喇嘛瘋狂地設計並印製傳單及胸章，純粹是為了一切有情眾生之故，這種機會是可能存在的；同時，並非所有熱中自我推銷、坐在高大法座上的喇嘛都別有用心，其中可能也有真正謙遜的。但是近代偉大的上師，都一而再的堅稱他們並未證悟，他們都說自己只是凡人，而且都一再地顯示出對自己的上師謙遜的虔敬心。

舉例說，當我向尊貴的頂果欽哲仁波切請求他的伏藏法教時，他回答說：偉大的伏藏法教很多，但他所持有的完全無用。他叫我不要浪費時間跟隨他。大部分的時候，他所談的都是他自己對上師的虔敬心。

這一代的學佛弟子，大多來自積極提倡自信的文化，因此，當他們聽到尊貴的頂果欽哲仁波切都謙遜不矜時，常感到不解。似乎他們比較希望聽到仁波切們吹捧自己是多麼偉大的證悟者。人們似乎寧願受虛假的聲明所騙。

雖然我們不能一概而論，但通常公然宣稱自己證悟的人，幾乎都與事實不符。同時，我們也要特別注意某些更隱晦的狀況：有些上師雖然不會明目張膽地自我推銷，但他可能暗地裡鼓勵虔誠的弟子們，四下散布說他已證悟的耳語，而這些弟子也以為他們是為了佛法以及上師在提供服務。

最近，在菩提迦耶的菩提樹下，我聽了一位中國法師對上百個弟子開示，長達四個多小時之久。他不只一次提到他已趨近成佛，所以弟子們都應該覺得自己非常幸運，能聽他說法。他說，雖然他隨時都可以成佛，但是為了眾弟子，他決定暫時留駐為菩薩，因此弟子應該對他感恩。他又說，他是世界僅有的真正大師，如果弟子們有其他上師的話，應該離棄他們，只接受他本人為上師。

聽了他的話，一開始我覺得很好玩；接著，我想到了這百位弟子一定欠了法師業債。業債是由因緣所積聚，但尚未耗盡的債。在過去世，這些弟子一定曾讓這位中國法師聽他們胡謅故事，或用荒誕的故事騙他相信，或曾吃過他的肉、飲過他的血；現在，償還業債的時候終於到了。接著，我又有個想法：這位法師說話完全沒有禁忌，這也許是好事；這比搖舉著偽裝謙遜的旗幟還好。他很可能真正相信他所說的話。

我有個來自北京、最近才信佛的弟子，名叫瘋球（Crazy Ball）。我告訴她，我為何還需要修行，我如何觀照自心以免放逸，我經常要檢視自己的驕慢、警覺我的虛偽；而且經過多年的修行，追隨了許多世界上最偉大的上師之後，我仍然充滿著物質主義，因而感到很沮喪。當她聽完我的話之後，突然變得激動而憤怒，她質問我：「若是如此，我為何要來找你？！」「為什麼你還教導佛法？」我愈回答「妳說的對」，她的情緒愈激動。最後她無所適從，不知如何是好。

我並非飽含謙遜，但是對於我想表達的這一點點偽裝的謙遜，她卻完全無法理解。謙遜的文化非常稀有，而且，即使稍微表露出來一點，通常也都是假的，所以像瘋球這種學生，連這種利益都看不出來。

對你的荷包、大腿或腳趾頭都沒興趣

上師與弟子無可避免的會有非常密切的關係。弟子面對著要帶領他邁向證悟的上師，應當坦白地告訴他所有的事。在這種完全的告白時，如果上師的興趣即刻落在弟子的荷包、大腿或腳趾頭的話，就很可能造成嚴重的後果。上師應該是情緒的敵人；他唯一的興趣應該是在揭露無明，而不是增加情緒、無明與迷惑。

具有活的上師與活的傳承

從觀察上師對他自己的上師所展現的虔敬心，你可以學到很多。你的上師應該有自己的上師，而且應該令他們歡喜。如果上師敬畏他自己（最好是還在世）的上師，他的行持就會比較謹慎；因為他自己是虔敬弟子，就會相信因果，也就不太會欺騙你。

今天許多上師甚至沒有上師，或者有的話，也都只花了很短的時間追隨而已。

在那短短的時間裡，他們也許收集了認證信函，但他們收集了教法嗎？值得大家下功夫去了解的是，這個人到底真正花了多少時間在他上師的羽翼下？而且不僅如此，即使只是表面上的，他有否修持上師所修持的法門，而且令上師滿意？

那些跟隨了上師很久的弟子，會學到看起來很普通卻很特殊的習慣。我年幼時，有一次在某個人數眾多的法會中，有個老喇嘛前來向我頂禮。我的侍者是我前世的弟子，他告訴我說：「我想他是秋吉．羅卓的弟子。」他認得出那位老喇嘛特殊的雙手合掌方式。這類的事情，你會逐漸地學會認出。

這年頭，許多心靈尋道者似乎不在乎追隨那些宣稱自己無師自通的人。事實上，他們喜歡的是所謂自主獨立與自我顯現的概念，這個現象令人困惑。任何上師宣稱自己無中生有就學到教法，正是人們不要追隨他的最佳理由；我寧可追隨某人說：「我花了三十年跟隨上師，但沒有學到任何東西；我只是隨侍在旁，沖沖廁所，洗洗盤子而已。」從這種弟子身上，我們反而還能萃取一些東西出來。

龍欽巴尊者說，在世俗的世界中，我們都依賴有經驗、有知識又成熟的人。我們所依賴的木匠，他不只了解木工的理論，而且還做過學徒，被人教導過，而且對於選擇木材與使用鋸子都有直接的經驗。因此理所當然地，如果你尋求的是像證悟這麼重要的東西，你當然應該依賴一位有經驗的老師。

現在有許多轉世喇嘛（祖古／tulku）、出家眾以及堪布，被各自的傳承送往西方，雖然有些人還算克盡其責，但大部分都無法真正地啟發西方弟子。光是剃度出家、擁有格西或堪布的學位，甚至身為轉世喇嘛，並不一定就能勝任做為密乘上師。這些頭銜與位階不見得有任何意義。同樣的，一個結了婚、留了辮子、身上披著異國風情的瑜伽袍子，聲稱自己不僅擁有絕世傳承，又精通密乘法門，而且可以讓人達到多重性高潮的瑜伽士，也不必然是真貨。

話雖如此，假設有個老師出現在你家附近，履歷表上說他受過寺院的訓練，在佛學院讀過書，也做過三年閉關；若是如此，你可能就有一些值得信任的基礎。在這個極端理性又世俗的世界中，我們在學者、仁波切、轉世喇嘛，或閉過三年關者之中，找到根本上師的機率，至少還是比在雜貨店裡找到的可能性略勝一籌。

虔敬三寶

一位虔敬佛、法、僧的上師，會經常維繫修持六度的氛圍，在菩薩道上用功，因此，被他們帶入歧途的機會比較微小。這種上師比較會引導你去做禪定與修持，讓你邁向解脫之道，而不是鼓勵你以素食、環保、簡樸、舒活、正念、非暴力等方式，讓你做個「好人」。如果上師的心似乎沉浸於佛法，因而讓你對佛法的信心增長的話，他就對你有所作用了。

你也許會認為上師具有虔敬心是理所當然的；當然，上師都應該對三寶深具信心，但你無妨詢問看看。有些上師，尤其是現代的導師，常落入灰色地帶。如果你不敢問，你也可以觀察：這些上師有多少次提到釋迦牟尼佛的生平及教法？他們把佛陀視為人，還是視為救世主的角色？

許多日本上師很喜歡將禪宗與基督教連在一起談，我也不時聽到有人把佛陀、耶穌基督及穆罕默德共列為和平與愛的使者，將他們一起歸為「偉大的救世主」。你能不同意嗎？你也可以把史蒂芬．史匹柏和小津安二郎一起歸為「偉大的導演」。史匹柏顯然是很成功的導演，但如果你將他與小津混在一起談，你就低估了小津的獨特貢獻，渺視了他的遠見，而且忽略了他所需要克服的挑戰了。

從遠距離，你可以在任何宗教中都看到愛與善等共通的價值。但真正對佛法虔誠的人，知道在基督教中找不到佛法的獨特面向——非二元，也就是究竟真理與相對真理的合一不二；而佛陀的功德，諸如十力、四無畏力、四神通力、三十二相、八十好等，你在耶穌基督身上也無法找到。

當然，做為佛教徒，我們不是要替心胸狹窄、基本教義、極端主義的佛教聖戰上師鼓吹，但我們也不要那種滿臉笑容，揮舞著「一切宗教都有價值」的旗幟，唯唯諾諾，混雜各種信仰的那種人。若是如此，我們又何需自稱為佛教徒呢？

相信業果法則

你要遇見一位自稱不信因、緣、果的佛教上師是很難的，但由於業是一個廣大深奧的概念，因此不同的人會有不同程度的相信與理解。

遇見一位熟稔空性，卻又為了救一隻爬到地毯下的小蟲，弄得所有人天翻地覆的上師，是令人感動的事。同樣的，若有上師執意阻止弟子不要去幫窮人義診，卻叫他到深山中去做祈願的修行，也代表他對因果的理解令人讚嘆。當我們評斷他人對業力的了解時，需要具有相當開放的心胸才行。

有一次，我與白雅仁波切（Pewar Rinpoche）同行，有位藏人供養了我們一大堆襪子。但因為這位藏人弄錯了，買的是嬰兒的襪子，所以它們都是極小號的。當時，我們的行李都已滿載；如果在今天，許多不經心的仁波切，包括我自己在內，都會即刻把這些襪子丟到垃圾筒裡，視其為無用之物。但白雅仁波切堅持要帶著這些襪子一起上路。我說他太吹毛求疵了，但他只是對我笑笑。後來，我聽到他大聲斥責一個年輕的藏人侍者，因為仁波切想要賣掉這些襪子，但是這個年輕人表示不解。仁波切嚴詞地對他說，這些襪子都是供養物，因此不可以隨意浪費。如果不能穿，至少可以賣掉，把錢拿來供香或供燈，直接或間接地替供養者創造一個緣。白雅仁波切的慈悲，以及他對業果的尊崇，足堪做為我們的典範。

許多沒經歷過困頓生活的年輕喇嘛，都把供養物視為理所當然。在藏語中甚至有個詞，叫Kor，指的是對收受供養物不具感恩的心。當上師不全心珍惜供養物，如果他不想到人們為了供養他所經歷的辛苦與努力，那麼，就有可能犯了Kor，這也就是上師退墮的最佳方式。

一位為了省電而不厭其煩地關掉所有不必要的燈，將使用過的信封拿來做筆記紙，卻毫不遲疑用最豐盛的食物與花朵拿來做薈供的上師，是最相信業果的上師。

慷慨布施

慷慨布施不只是代表大方地贈與金錢或物質。有些人慷慨地從事外在的布施，能夠與這種人相處，很容易受到啟發；但布施也可以是提供資訊、時間、道歉、接納他人的過失，或容許弟子追隨其他喇嘛等。外在供養很好，畢竟，跟著不需要費盡力氣才拿出荷包的人上館子，總是好事。有些上師對其他上師以及三寶常做慷慨的布施，這很令人啟發，尤其是他們不露痕跡的供養。在寺院的屋頂上鑲金，是明顯而耀眼的布施，但既不宣傳又不廣告，經常祕密地燃點千燈供養的上師，更能令我們染污的眾生心生感動。

上師可以叫弟子奉獻所有的財富，藉此來測試弟子；同樣的，想要成為弟子的人，也可以藉由不給供養，來觀察上師是否有失望的徵象，來測試上師。

能帶領你到善的環境

好的上師像父母，他們唯一的願望，就是讓你建立起最好的習慣。若是上師能影響你，讓你更為慷慨、更有紀律、更具安忍、更加精進；能鼓勵你不分心散亂，進而讓你對真理、對空性、對無邊際的概念產生強烈的渴求，那麼這就是你可以信任的上師。最有價值的導師能帶領你到善的環境，讓你不會為了輪迴中的名聲、利益及眾人的注目等世俗價值，而糾結、激動。

已經調服身、語、意

如果上師自己的身、語、意狂野不馴，他又如何能調服他人的身、語、意？脾氣暴躁、有狹隘的門戶之見，又被各種執著、執迷、嫉妒、競爭所染污的上師，不太可能有效地引導弟子。

溫和柔順

龍欽巴尊者說，在末法時期，眾生的情緒高漲，因而非常脆弱。上師應該給予弟子最大的愛心與關懷，並且以柔順慰藉的語言說話。如果上師對弟子不斷的批評或責罵，只會讓他們心神疲憊，信心流失。

具足淨觀

上師對自己的上師應具足淨觀，而且可能的話，對一切現象亦應如此。在更個人的層次上說，上師對弟子也應該具有淨觀。淨觀是金剛乘的基石。即使在大乘佛教中，對待弟子也是以淨觀做為背後的驅動力。如彌勒菩薩所言，菩薩必須了知其他眾生也具足佛性，他們也能成佛。因此，無論弟子的染污有多可怕，上師應該具足信心，知道那些染污都是暫時性的，因而可以被清淨、被移除。這項工作不論要花費多久的時間，不論多麼枯燥乏味，具有強大淨觀見地的上師，絕對不會放棄他的弟子。

不批判

上師應該能看見弟子的潛能，知道他們顯現出來的缺點都可以轉化，因此弟子是值得他祈願的對象。他不應該造成競爭，不應該偏好某些弟子比其他弟子還早證悟；這不是一場比賽。

如果上師批判太多，他會浪費許多寶貴的時間。過分的批判就表示他對緣起與平等捨的基本見地缺乏足夠的理解。這種上師所設計出來的法道，也就會過分苛求而令人焦慮。

遵從佛陀的紀律

你的上師應該要相信他所教導的內容。教法，基本上就是紀律。如果你足夠幸運，有一位持守基本乘、菩薩乘及密乘戒律與行為規範的上師，由於他受這些戒律的規範，必須教導一切眾生免於染污，直到解脫為止，因此，你可以確定他會一直教導你，永遠不會拋棄你。

畏懼惡行

大多數的宗教都始於人們想要做正確的事，因而都建立在羞恥心、罪惡感以及畏懼惡行之上。羞恥心是道德規範的始祖，雖然密乘在究竟上超越各種概念，但是只要是人在修持，它就會結合某種紀律與道德規範。因此，在一開始的時候，即使是金剛乘的法道，也會受到無數的規範、價值、羞恥心、罪惡感以及畏懼惡行等各種形式的限制。

對初學者而言，畏懼惡行有其價值。金剛乘修行者不能隨意就過著像狗一般生活，毫不在乎與牠們的父母或兄弟姐妹交媾。牠們也不能像貓一般，奪取其他動物的食物而毫無偷竊的觀念。直到他們都像大成就者古古力巴，以他的愛犬為伴侶之前，上師與弟子雙方都需要有某些該做與不該做的假設才行。

寬恕心

寬恕是悲心的主要成分，你的上師必須要有寬恕心才能引導你。當上師寬恕你的惡行時，就代表他已接受了你做為他的責任了。

善巧

雖然說修行之旅程無目標，其成果超越任何想像，但是我們也必須超越對這種描述的理解才行。為此，我們需要一個法道，以及一位嚮導。這位嚮導必須引領弟子證得這個無目標的目標。

在大多的職業中，不論是建築工程、駕駛計程車或醫療工作，都有某項工作必須完成。金剛乘上師也沒有什麼不同，他的工作是要讓弟子證悟；如果這項工作太巨大，那麼上師至少要帶領弟子到某個地步，讓他能夠從此獨立完成工作為止。上師要如何完成這項工作、運用什麼方法，都沒有固定的規範；但他必須以盡量迅速而且無痛的方式完成。

「迅速」可能必須繞路，因為對某些弟子而言，短捷可能是冗長。「無痛」可能意指選取風景優美的路途，因為捷徑可能令人不愉悅，既沒有休息區又沒有坐墊，因而讓某些弟子失去信心而完全離開法道。而對另外某些人而言，無道之道，是最佳的法道。無論如何，你需要具足善巧的人來指引你最佳的道路。

上師必須要有很多方法可以選擇。當大廚指導學徒時，他可能會把食譜藏起來，或者故意拿掉某個關鍵的材料。這種善巧方便可以教導弟子自己去思考。好的上師也會這麼做。

上師具有何種善巧，通常不容易知道。某些非常學術性的上師，可以告訴你應當閱讀某本書第幾版的第幾頁，而且還能記得出版的日期。如果你是大學生，這對你可能非常特別；但是如果你追隨的是心靈之道，這可能就不是你所需要的。你需要的是某個能將那種知識轉化為法道上有用之物，某個能夠教導你如何去學習的人。

上師也應該具有善巧來處理你的染污。因為，雖然染污是暫時性的，但它們自無始以來就存在了，因此要去除並不容易。

佛陀極具善巧。他曾經在許多開示中，讚嘆布施是最上乘的功德，並且教導佛陀不存在，以及一切眾生如幻的自我；而在另外一些開示，他卻以「從前，當時我是一隻猴子……」開始，似乎又好像有個自我、有個猴子；過去、現在、未來也似乎存在。他會說：「任何宣說佛性者，都應該被尊為導師。」但他又說：「宣說『一切和合事物皆無常』，就好比宣說一堆垃圾是珍寶一般。」而且，在持守戒律上，他又極為嚴謹。這種風格得以滲透延續，一直到今天佛教徒的修行當中。

曾經有一天，阿育王供養了所有的比丘一百萬金幣；在同一天，寺院裡有個花園清潔工供養了一顆莓果給一位口渴的比丘。那天的晚課中，住持比丘唱誦施主名字時，先提了清潔工的名字，再提到阿育王。我們也應該如此思惟：供養一顆莓果是豐盛的禮品，但鋪滿大地的一堆金幣，不足以換取一句法語。

上師應該同時具足彈性以及硬性。

十二年計劃

雖然這不是我想要提供的，但是即使我們有個完整的檢視清單及一套標準規範，也無法用簡單的方法來評斷上師，因為基本上，判斷者的心早就被各種先入為主的概念及各種期待與恐懼所污染了。

在《金剛鬘續經》（*Vajramalatantra Sutra*）中說，弟子需要花十二年的時間去分析上師，反之亦同。但誰有這麼多耐心？而且，跟著上師過了十二年，你自然會產生批判性，因為你已經跟他「結褵」太久了。

無論如何，初學者還是應該對目標上師做完整的背景調查，例如：聽聽有關他的故事，讀讀書籍或文章，評估一下他的社交媒體等。同時，不要限制自己只找一位上師，對其他你知道或不知道的上師也保持開放的態度。只因為上師有千百位弟子圍繞，不見得就證明他的真實性；正如歷史所顯示，縱然是成千上萬的群眾，也非常可能製造出群體否定（group denial）的現象。

你可以認定第一位讓你產生火花的人做為上師，但是在做出許諾之前，最好還是從不同的年紀、不同的風格、不同的傳承中去找尋上師，可以讓你的視野更開放。可能有些上師你原本不喜歡他的風格，後來卻意外地發現那是最能利益你的上師。

你至少應該花上一年的時間來積極地分析上師，這可以幫助你清除許多先入為主的概念。經過一整年瀏覽上師，你可以將目標縮小到少數的幾位。然後，你可以接受他們一些普通的教法，看看你是否聽懂他們的語言，是否能掌握他們開示的精髓。你只需要傾聽，不一定需要將他們視為將要操控你一生的導師、師父或嚮導。在這整個過程中，你必須經常質疑你的判斷能力。這不是科學、數學或地理的老師，要評斷他們的教學能力很容易；你必須細心追蹤，而且還要有遠大的視野，因為我們所談的是一切眾生證悟這件事。

要記住，在這個尋找的過程中，因為這些準上師都會給你心靈的指導，因此，即使你不滿意，也要對他們有相當程度的尊重。但這不表示你不能偶而有意做一些預期之外的事，來讓他們不開心；因為測試他們的反應，也是分析的方法之一。例如，你可以跟上師借錢，然後假裝你忘了還他，看看他怎麼要你還錢。在任何造成不利的情況生起時，例如事情不如他所願，或者有人質疑他的傳承，甚至批評他的長相時，都是觀察你的候選人如何反應的好時機。但你應該以真誠而且尊敬的態度來做這些事情，因為他們是想要教導你佛法。

很久以前，我第一次到印尼，其中一位邀請我的人安排我坐當地的客運巴士及三等的火車車廂，一起從一個城市到另一個城市。由於我經常在北印度搭乘巴士到比爾（Bir），所以對這種旅途經驗豐富。在那個年代，還沒有配備空調及舒適座位的Volvo豪華巴士，你必須與雞群同車，因此我的印尼之旅並沒有讓我感到任何不適應。多年之後，這個人告訴我，當年他帶我進行這趟艱辛之旅的目的，就是為了要測試我，看看我是否被慣壞了。我認為從他的角度而言，他的確想得很周到。

由於人生短暫，我們沒有持續一直分析上師的奢侈，因此，經過相當一段時間的聽聞開示或接受指導，加上就近觀察上師在混亂狀態下的表現，你最終必須做個結論。經過一段時間，如果你對某個上師沒有強烈的感覺，那麼你跟他大概就沒有什麼緣分。雖然我們的情感薄弱，但還是勝過理性的邏輯。對某個人有沒有感覺，不只是此世因緣的結果。

一旦你在情感與理智上都已經確定某人應該就是你的上師時，你可以向他請求更多、更完整的教法，以便進一步測試上師─弟子的關係。在此之前，你不需要認為你應該幫上師洗內衣褲，但現在，你可以了。你也可以開始供養一些很好但無害的供品，例如水果、鮮花或焚香等不會造成「慷慨後悔恨症」的供品。你也可以開始對他頂禮或表達慣常的禮敬方式，以測試自己的驕慢與我執。從此，你就不是以大學生聆聽演講的方式，而是以病人聆聽醫師指示的方式去聽聞教法了。

至此，如果你的信心依然毫不動搖，而且還更加深入的話，那麼，根據你對於追隨金剛乘需要一位上師的了解，你可以開始供養身、語、意，並且準備接受灌頂。

然而，值得一而再、再而三提醒大家的是，灌頂是件大事。沒有比接受密乘灌頂更宏大，也更危險的事了。

我曾在喜瑪拉雅深山中的史畢堤（Spiti），在一座寧瑪巴寺院給過一系列的灌頂。當時，附近有一位格魯巴寺院的住持常到我住的地方來，向我供養哈達、問安，進行各種客套的禮節。這是西藏在地喇嘛代表寺院接待來訪喇嘛的習俗。每次法會，他都前來儀式性地供養曼達，然後在灌頂正式開始之前就離開。除了在般若波羅蜜多口傳的那次之外，在其他的密乘灌頂法會上，他都事先離席。我的一些弟子注意到他不肯接受我的灌頂，便批評他這種行為是門戶之見，但我卻認為他的行止優雅而令人欽佩；他又不認識我，因此何必與我結下一個無可返還的緣？我們都應當謹慎。我們都應忠於佛法，而非忠於社會一般的期待。

許多喇嘛或修行人會避免從某些高階喇嘛處接受教法，但他們又不直接表達。他們由於政治正確的壓力，常就找各種藉口，或趁著喇嘛到來時出訪外地。

接受灌頂前必須思考的問題

在你花了相當一段時間與你的準上師相處之後，最後決定接受灌頂之前，應該思考下列的問題：

- 這位上師讓我生起了多少菩提心？
- 這位上師讓我轉化了多少的惡言與惡行成為善言與善行？
- 這位上師的教法及示現，讓我轉化善行成為解脫之道的程度有多少？
- 這位上師的示現，讓我了悟慈悲與空性不二的程度有多少？
- 這位上師的現前，讓我比較不重視世俗的成就與榮耀，其程度有多少？
- 這位上師的教法，讓我減少門戶之見的程度有多少？
- 這位上師的教法，讓我生起對佛陀的虔敬心，其程度有多少？
- 這位上師的教法，讓我在不傷害其他眾生上，吹毛求疵的程度有多少？
- 這位上師的教法，讓我重視對上師、三寶及業果虔敬的程度有多少？
- 這位上師的教法，讓我對其他弟子擁有好上師的隨喜程度有多少？

警示標誌

下列這些事項需要特別警覺：

- 厚著臉皮誇獎自己的位階、認證，或吹噓有高階喇嘛向他求法的這種上師。這是非常可笑的事。
- 炫耀他們擁有朋馳汽車的上師。他們似乎不知道土匪與黑道也有一樣的品味。一輛朋馳汽車無法讓上師更好一分、更高一寸或更多一絲資格去教導佛法。

- 看上心靈指引是個好市場的投機上師。他之所以想要成為上師，是因為他可以因而具有影響力，可以發財，也可以有侍從。
- 遇見擁有長遠傳統頭銜的人，就興奮不已的上師。某人來自長遠而榮耀的傳承，不見得就表示他對你而言是具格的上師。
- 家族關係糾結不清的上師。當世俗家庭緣分對他們很重要時，他就必須花很多精力照顧他們。

壞上師

縱慾者

許多藏傳喇嘛，尤其是那些生活放蕩者，他們會說：在金剛乘，我們只要不貪著其中，就不需要避免世俗享受與感官之樂。但我們怎麼知道某人是否貪著？誰能衡量？這就是主動分析可以派上用場的地方。弟子可做的一個方法，就是偷一點喇嘛的財物，或摸一摸喇嘛女友的屁股，看看會發生什麼事情。這時，你就會知道喇嘛不貪著的論調，是否只是縱慾的藉口而已。

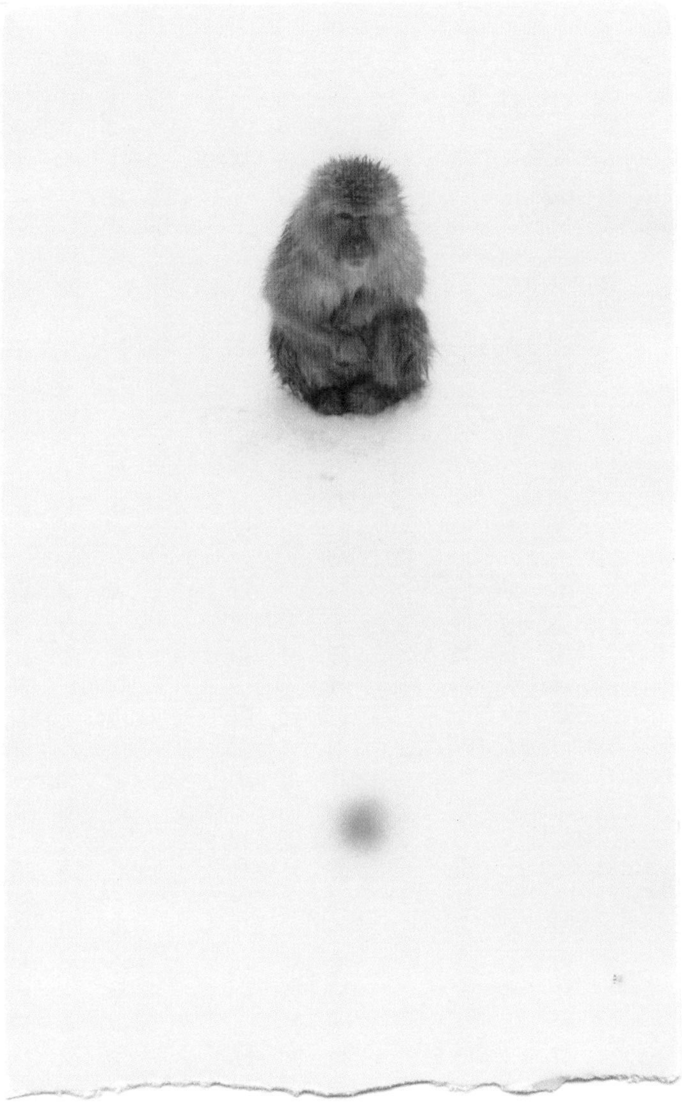

©Masao Yamamoto

在分析上師的過程中，需知上師也可能在分析你。

某些喇嘛浪蕩的生活方式，實際上造成了很多問題。先不說一般人對他們不以為然，即使在身邊的出家眾也受到他們的影響。許多出家眾是被父母送去寺院出家或者是難民，就像前面喬千的例子，並非出於自願。甚至有些人是由於族群或部落式的強迫，而被送進寺院的。有些家庭會說：「我們屬於這個傳承，所以我的兒子屬於這座寺院。」因此，這個小男孩在寺院剔度出家的發心，就不見得全心全意是為了出離心或渴求證悟了。

好的老師可以教導，但更好的老師可以啟發弟子，並且以身作則。你可以爭論說形象並不重要；當然，如果你真心尋求證悟又具足淨觀的話，那就另當別論。果真如此，你大可找個擁有四十九台勞斯萊斯汽車而且還能帶你抵達證悟的上師，再供養他一台，去接受他的教法。

身為菩薩道上的修行者，即使無法啟發百千人，也有責任不要讓任何人因你而排斥佛法。這些縱慾的喇嘛，如果不是讓一些想學佛的人因而離棄佛法，確定也會讓某些人感到灰心失望。這就是業力的作用。除了業力之外，還有什麼會讓弟子追隨這些華而不實的人呢？

被慣壞者

下個世代的心靈追尋者，如果他們想要尋找西藏血統的上師，會遭遇很有趣的狀況。今天許多所謂的轉世喇嘛，都像孩童般地被孤立且溺愛，直到他們三十多歲為止。這些年輕的導師用他們前世的名聲做為名片，但這些名片會很快就耗損殆盡。他們欠缺個人的人際關係，因此都相當自戀，他們比較關心自己心中所想的事，而非其他人心中的事，他們不知如何分享。他們大多未曾被拒絕過。這些都是警示的標記。

西藏的轉世制度有許多缺點，尤其現今的轉世喇嘛，他們沒有經過適應這個時代的訓練，整個制度完全無法趕上快速的變遷。看看一個所謂「高尚出生」兒童的遭遇：他年紀輕輕就被認證為轉世喇嘛，從此受到像王子一般的待遇。他呼喚玩伴到面前來，當他們到來了，他卻自己玩著昂貴的電動玩具，不理別人。他不讓別人分享，只能看著他玩。其他小孩也不會抱怨，因為大人們說他是一個特別的人，他是一位重要的仁波切。現在這些被慣壞的小孩子都成長成人了，如果你接受這些人為導師的話，會有很有趣的狀況發生（最後一章會對轉世制度有更多的討論）。

同時，今天許多導師都成了精英階層，而精英的本資就是反民主的。雖然有些人很會在口頭上服膺佛法，但精英統治主義（elitism）與上師的精神是有衝突的。

精英統治主義不僅反民主，基本上它就是最糟的二元分別。精英統治與上師瑜伽完全矛盾，因為上師瑜伽的重點就是要證得上師的境界，而不只是像個哈巴狗去追隨你敬愛的領袖直到永恆。這種精英統治可能在儒家影響的中國人思想上比較明顯，誤導人們把對於上師的虔敬心與分別尊卑的階級系統相互混淆。

應該避開的四種上師

根據吉美．林巴的說法，有四種上師我們應該避開。第一，避開那種像木製磨輪的上師，他們不斷地談論自己的家族、傳承、歷史、寺院等。木頭做的磨輪會發出很多聲音，可是磨不了什麼東西，完成不了工作。

第二，避免行為類似井底之蛙的上師。這些喇嘛，雖然沒有證悟功德，但是由於某些微少的業力，讓他們出生於良好的家庭，成為強大、具影響力，而且長相美貌的人。他們自認特別，當然，弟子也被教導成這麼想。因此他們也都讚美上師，塑造出一個完全不真實的美言圈子。當這種上師遇見其他功德更佳的上師時，不僅無法欣賞他人，還固執地自忖：「我比他好多了。」這種上師就像住在井底的青蛙，對著來自大湖的青蛙吹噓自己的家園有多大，完全無法想像大湖的廣闊。

第三，避開瘋狂嚮導。有些上師略具佛法知識，也可能遇見過好的上師，他們甚至可能有些超自然的能力。他們據此而讓人們以為自己比真實的狀況還有辦法，因而造成他的力量更為強大。他們做出各種瘋狂的事情，展現一如狂人，睥視一切，認為自己已經超越世俗的罣礙與牽累。他們對利益眾生毫不關心，對行止是否傷害他人，或令人對佛法失去信心，也毫不在乎。有個瘋狂導師來帶領你的結果，就是如此。

第四，避免堅持要帶領你的盲目船長。這種上師跟你一樣，還在前往證悟的法道上，但他可能比你更有某些知識與領悟的功德。如果弟子還在資糧道上，那麼找個在加行道上的上師是有道理的，否則上師無法知道如何讓弟子進步。可能有人會問：「我們不是應該視上師為佛嗎？」是的，一旦你認某人為上師，就無法回頭；但在你接受任何人為心靈上師之前，很重要的是要檢視對方是否有這些功德，否則，你們雙方都會像迷航於大海中一般。

壞上師的檢視清單

清新的芭蕉葉包了臭魚，葉子就會染上腥味；相同的，如果你追隨了非善知識，你就會養成不良善的習性；負面的習性是會傳染的。下列是對上師的重要警覺徵象：

- ☐ 缺乏知識。

□對佛法、自己的上師或僧團缺乏虔敬心。
□不具有活的傳承。
□引導你遠離善的環境。
□未調伏身、語、意。
□驕傲而虛偽。
□對人惡毒。
□不具淨觀。
□愛批判。
□對食物、飲料、財物以及旅館房間極為挑剔。
□不遵守佛教的毗奈耶與菩薩道的戒律，當然，也包含金剛乘的戒律。
□雖然用字謙遜，但在所有的開示中都在讚美自己。
□暗中貶低他人。
□不畏懼惡行。
□沒有寬恕的能力。
□羞恥心薄弱。
□教導不具對治作用的教法。
□關心自身的利益。
□對你謹守紀律修持佛法感到不悅。

現今，有許多喇嘛花費大量的時間，安排自己每週、每月、每年的開示日程，設計網頁，印製傳單及海報，並且製作紀念性的隨身碟及購物袋送人。然後，到了真正要開示的時候，大半時間都花在談論名人跟他的關係，吹噓自己前次的開示來了多少人等。最後，他們站在前排最中央，跟所有人在草地上進行大合照。如果金剛總持有凡人之身與凡人的情緒，看到這種景象，他絕對會羞愧地全身起雞皮疙瘩，而且悲傷地垂頭喪氣。

壞上師與其弟子的關連

- 如果弟子與缺乏知識的上師在一起，即使他們並不積極參與上師無知的行止，也會變得呆滯無知。
- 如果上師易怒，弟子也會焦躁不安。
- 如果上師色慾薰心，弟子可能也會褲頭鬆弛。
- 如果上師犯有儲物症，愛囤積又吝嗇的話，弟子就會有超重的行李。
- 如果上師分心散亂，弟子就不會有警覺的功德。
- 如果上師虛榮，弟子也會變成利己主義者。
- 如果上師驕慢，弟子就會有強大的門戶之見。
- 忌妒心重的上師，會製造出愛競爭的弟子。一如有毒的植物，要絕對避免。

- 沒有出離心的上師，會培養出貪愛此生的弟子。
- 只教導佛陀見地的概念，卻不藉此創造機緣來讓弟子有機會修持的上師，基本上就像製造一毛不拔的富人，連在自己身上享用財富都不會。
- 不學無術，卻又絕不承認「我不知道」的上師，會剝奪弟子獲得正確知識的權力，而且令其失去謙卑之品德。更有甚者，他們會塑造出一種缺乏安全感的環境。
- 對自己的上師與佛法不具虔敬心的上師，會讓弟子應得的加持如薄霧一般，消失無踪。
- 如果上師過分放鬆，弟子的善行會逐漸退失，惡行也就愈有機會探頭。
- 如果上師不喜歡類似做供養的儀式，弟子也會失去做供養的傾向。
- 如果上師只教導例如禪定等單一的法門，弟子就會缺乏善巧方便的豐富性。
- 如果上師不敬重僧團，弟子也會不自覺地被整個不善的團體所影響。
- 如果上師不重視本尊修持，弟子的成就之門就會變得非常狹窄。

另外一些準則

那麼，我們怎麼區分好上師與壞上師？一個簡單的方法是，避免那些世俗、拜金又虛榮的喇嘛：他們最喜歡把自己的名片塞在每個人的手中，卻又不敢參加公開

©Petr Balíček

切勿讓影子落下

佛經上說，有負面品質的導師或善知識，是你佛法修持上的最大障礙。你不應該與這種人相處，也不應該與他們對談。甚至，你連他們的影子都不應該讓它落在你身上。

儀式，深怕被安排的座位比別人低下。避免那些到處炫耀高階喇嘛的認證信函，要別人知道他有多偉大的喇嘛，以及那些喜歡跟高階喇嘛及隨便什麼名人合照，來讓弟子佩服的喇嘛。你也應該避開那些將別人的供養提供給自己龐大的家族來添置華宅，購買最時尚的汽車、最昂貴的手錶，卻鮮少供養三寶的喇嘛。

讀者可能會懷疑，真的有這種上師嗎？不幸的是，他們真的存在，而且愈來愈多，許多都來自年輕的一代。其中許多人，連偽裝自己沒有這些習氣都不會，他們公開地在臉書及Instagram網站上展示手上的勞力士錶，炫耀他們的座車、亞曼尼襯衫，以及蒙古施主所捐獻的大疊大疊現鈔。

有些上師對弟子禮敬他們的方式，以及弟子供養何種供品極度地挑剔；有些上師心思詭譎，很會隱匿自己的缺點，甚至連自己都不察覺；有些上師似乎會記仇，而且對自己的財物很自豪又貪著；有些上師缺乏解脫一切眾生的悲心；有些上師具攻擊性而且脾氣暴躁，常常一觸即發，易於被激怒。你最好避免親近這些上師，特別是初學者的話。因為一旦你接受了灌頂，就沒有退路了。這些上師可能是夠資格的導師，但他們的這種行為，很可能讓不好的事情很容易發生。

一旦你接受了灌頂，接受了某人做為上師之後，你就必須自忖：「這是我的投射」。直到你有能力及領悟力去理解這是你的投射之前，你的分別心會占上風，你也不會有開放的淨觀。如果你無法接受上師就是自己的投射的話，你還是可以聽聞，還是可以在場，但你就不應該接受密續的教法。

話雖如此，所有這些導致我們不應該去追隨某位上師的行為，對上等根器的弟子而言，可能反而是去追隨他最正確的理由。

為何他們不完美？

為何我們的人類上師如此易於犯錯？為何他們不能像佛陀一般完美無缺？人類上師常會顯現出與我們相同的一些缺憾，但最終，他們會比一位「完美」的上師來得更有效。諷刺的是，就是人類的缺憾本身，提供了上師最有效的工具。如果上師示現為絕對完美的人，你可能因為自己不完美而無法跟他溝通。

完全照本宣科，完全表現出行止完美的上師，很快地就會變得可以預料，弟子就會知道如何隱藏缺點，也會知道上師會怎麼反應，完全不會有出其不意的狀況會發生。然而，金剛乘是要顛覆你、要抽走你腳下地毯的法道，因此你需要知道如何這麼做的上師。要讓抽走地毯這種事發生，就需要產生互動，因此上師必須處於某種人類的層次，自然也就包括某些缺憾。

佛法的重點，是引導我們邁向一條令我們最終成佛的道路。從金剛乘的角度來看，我們的目標應該是成就為上師，而不是確定我們生生世世都將投生於佛陀足下。更準確地說，我們的目標是證得上師的果位、發現內在的上師，而成為一切的主宰，主宰我執、情緒、不淨觀以及二元分別的念頭。如果上師本具清淨，而弟子本具不清淨的話，弟子要與上師無二無別，就非常困難。

濫用金錢、權力與名聲

當人們談到壞上師時，通常都聚焦於倫理道德上的違犯，例如酒精或性方面的侵犯。酒精在很多方面是有害的，尤其上師酗酒的話，不只會傷害到上師本人，更由於他本應以身作則，做為團體的模範，因此他的醉酒行為可能會造成其他人也酗酒。當然，性的侵犯更深具破壞性。

然而，性與藥物的濫用通常比較容易被察覺，但在心靈世界中，還有更隱晦，更微細的濫用，它們更危險。金錢、權力與名聲，是「最糟濫用大獎」的三種最毒的習氣。

當某個上師跟女生廝混時，人們很快地就會指控；但當與金錢相關的事情發生時，情況就會變得比較曖昧。這種事情通常都有個善良的藉口，例如，「唉！他是為了利益寺院才投機取巧的！」在我們這個物質主義的世界中，金錢的習氣非常詭譎，我們無法避免處理金錢，每走一步就要花一些費用。現今，金錢是我們溝通的方式，而且很有效。但是人們應該對金錢特別謹慎，因為它有破壞的潛能，它看起來像一個不像疾病的疾病，卻已在你體內腐蝕。金錢的問題會毀壞教法，而且有許多過往的例子。大家都不懂為何喇嘛必須乘坐最好的車子，居住最豪華的住宅，難道這都是為了弘揚佛法、利益眾生的必備條件？這不可能是事實，因為也有許多喇嘛不擁有任何物質財富，卻能無止境地利益眾生與佛法。

另外是對權力的執迷。如同任何形式的耽溺，權力也有其本具的無明，因而造成痛苦。它會製造欺瞞的口實。有權力的人要承受人們對他的投射所產生的壓力與期待，是非常不容易的。上師也不例外。

當然，上師應該有某些權力。經典中說，上師應該具有神通、悲心、力量三種功德。但是，此處所說的並非世俗的權力，而是拆解弟子染污之網的力量，除此之外無他。超越於此，任何世俗的權力都非常危險；除非上師是聖者，能夠知道如何運用權力來利益更廣大的世界，以至一切有情眾生。

雖然我們都會想：「如果國家首相是密乘佛教徒的話，該有多好！」但是如果上師不具足高度證量，卻擁有社會或政治權力，對社會與政府都不是好兆頭。從政治與社會制度層面而言，做為心靈領袖的上師掌握政治權力，顯然是糟糕的事；但最令人傷心的是，它會稀釋、腐化並毀壞佛法。西藏由喇嘛統治的七百多年來，完全缺乏任何對基礎建設、學校、防禦系統、經濟等的投資。為什麼？因為喇嘛們對這類的事務完全缺乏概念，而且從他們的觀點，這種世俗的事務不需要去經營。

名望也會令人上癮。廣受愛戴、被視為名人來對待，會令人麻醉。這年頭，佛教喇嘛及機構毫不保留地利用標誌、貼紙、胸章等來創造自己的品牌。甚至有人說，當某些喇嘛蒞臨加德滿都時，活動的策劃單位會僱用一些人在機場迎接，造成群眾盛大歡迎的形象。在不丹與尼泊爾，有一種風潮是樹立起掛滿布條的牌樓來迎接喇嘛。忠誠的弟子斤斤計較哪位喇嘛有最多的牌樓，有最長的車隊來迎接。這非常令人悲哀，因為大部分的這些展現，甚至連優雅都談不上。

從心靈的角度來看，替導師創造品牌商標是一件很奇怪的事。一種合理化的說詞是，宣傳可以拿來做為善巧方便的藉口；聲音愈大，就會有愈多人有機會親近佛法。但名聲不應該是操弄來的。像密勒日巴等導師，他們並非有意地變得有名氣，而是歸功於他們的教法與行止。我們可以非常確定，密勒日巴完全沒有投資任何時間、力氣與資源來宣傳他自己。

操弄名聲，有意地製造名望，是一種有毒的習氣，而且對於有可能成為導師的人，這是最難放下的習氣。噶當巴（Kadampa）上師曾說，佛法修行者應該準備好三種犧牲：食物（藏語：to）、舒適的環境（藏語：go），以及名聲（藏語：tam）。沒能好好吃頓中飯，或缺少一件溫暖的外套是一回事，但放下名聲是更困難的事。上師也許常常能夠不要食物或舒適的環境，但他們卻忍不住將這種犧牲說出來。他們會有意無意地這麼想：「如果沒有伴隨而來的好名聲，何苦做這些犧牲？」

至於那些較差的上師，相較於擔心缺乏名聲，他們反而是擔心自己有不好的名聲。只有偉大的人，才能勇猛地去培養不好的名聲。

斷絕性行為（不淫）的戒律

如果你的密乘上師是受了毗奈耶戒的僧伽，他就受此佛教戒律的限制，不能逾越斷絕性行為的法道，同時，他也受到佛陀訂定的律儀規範所限制。很重要的是要知道，密乘戒律不能取消毗奈耶戒。事實上，在金剛乘中，第二個最重要的戒律就是絕對不可破毀別解脱戒，也就是基本的僧伽戒律。因此，如果受戒的比丘上師與他受戒的比丘尼弟子有性關係，那麼他就破毀了毗奈耶戒。而破毀毗奈耶戒，也就是違犯了佛陀的話語，因此他也就破毀了密乘戒律。然而，有很多喇嘛縱然破毀了他們的毗奈耶戒，卻持續維持其身分，好像他們並未破戒一般。甚至有一些傳言，說有些喇嘛疏忽之後，並不阻止對方去墮胎。

如果這是事實的話，那麼這些導師就是欺瞞佛陀，而且對世人說謊。很可能他們是占了弟子的便宜，若是如此，那就是犯了邪淫。更有甚者，若是鼓勵對方去墮胎，那就是殺生。這些都是最根本的惡行。

不幸的是，這些喇嘛不僅破毀了戒律，他們還持續地給予他人剃度，欺瞞整個僧眾。有愈來愈多喇嘛，對於自己受了什麼戒隱秘不宣，因此情況愈加模糊。許多接近核心的人知道這些違犯，但是因為他們活在愛面子的社會裡，因此都保持沈默。他們逐漸地失去對制度與傳承的尊敬，這些喇嘛也因此加深了佛法的墮落。密乘之外的其他法乘也有類似的事情發生。在中國，聞名的少林寺住持釋永信，最近就被指控為騙子，雖然受了不淫的戒律，但是還跟兩個女人生下小孩，更不用說他還要在澳洲耗資三億美元，興建豪華酒店及高爾夫球場的計劃。

佛陀從未說過一旦剃度為僧伽之後，你就永遠不能回頭。事實上，你可以被允許退戒還俗。但是，在身分地位敏感的西藏社會中，退戒還俗被視為是羞恥而困窘的事。在過去，若有僧伽或喇嘛公開還俗的話，常被侮辱或鄙視，被視為是對其父母、族姓、村落、上師及寺院的恥辱。第六世達賴喇嘛康楚．天巴．尼瑪仁波切（Khamtrul Tenpa Nyima Rinpoche），由於他有許多明妃而想放棄他的比丘戒律時，受到政府許多高官的反對，甚至有個傳說：在六世達賴決定要納妃時，有些喇嘛曾打算暗殺他。這些喇嘛的想法是：「反正他會轉世，我們不如把這一世的解決掉算了。」因此，出於恐懼與驕傲之故，許多年輕一輩的比丘及喇嘛認為除了隱匿自己破戒的事實外，其他別無選擇，因而玷污了整個制度。

至於導師與弟子之間發生性關係一事，如果其中一人是受過毗奈耶戒的比丘或比丘尼，發生性行為就違犯了戒律。但是，如果你接受此人做為你的金剛乘上師，你完全沒有任何懷疑，而且你也具足虔敬心視他為佛、法、僧、本尊及空行，那麼上師的命令就是你的修持（不要急，稍等一下，繼續讀下去。我稍後還會解釋）。即使他叫你現在就去成為基督徒，你也可以就以此做為法道。身為密乘修行者，服從上師的指令就是金剛乘的修持。你不只成為基督徒，你基本上還是在修持金剛乘，因為你依照他的指示在做。你將耶穌基督做為你的救世主，並不會破毀你的皈依誓言。上師仍然位於耶穌基督之上。

無論上師說什麼，只要你遵從他的指示，任何你做的事，無論是有關宗教的、意識形態的，或是性方面的任何事，都是密乘的修行。因為在密乘中，你的上師就是佛，你的上師就是法，你的上師就是僧。遵從任何他所說的一切，你就是在法道上。

主義與性高潮（isms and Orgasms）

在金剛乘中，任何「主義」（ism）都完全不重要。

從前，薩迦師利（Shakya Shri）大師帶著他的弟子前往耶隆佛學院（Yelung shedra），該處有尊蓮師像。他告訴弟子們：「蓮師在此，這尊像與他本人毫無分別，你們應該在面前立誓要修持儀軌、持咒或做其他各種善行。」然後，薩迦師利說：「至於我本人，我已經思考很久，我要立誓再也不唸誦任何祈請文、任何偈頌、任何一句咒語了。」在此，我們清楚地看到了金剛乘的對比共存（juxtaposition）。他在離棄所有的「主義」的同時，卻在佛像面前這麼做，而且還告訴他的弟子們要努力修行。這是一個深奧的主題。

如果有個不成熟、不具成就的上師，說他想要跟比丘尼弟子上床，而且認為比丘尼戒律無關緊要的話，這個上師必須承擔其後果。他破壞了比丘尼的戒律，也等於摧毀了保證她得到解脫的種子。這種行為不只不具悲心，而且不善。上師要在弟子的心相續中種下悲心，必須自己先具足悲心才行。但在這種狀況下，這個上師不僅不能引領弟子步向解脫之道，還摧毀了弟子解脫的唯一種子。

如果他們真的有了性行為，比丘尼破了她的戒，就會有一些後果產生。這位比丘尼也許不會產生任何惡業，特別是如果她只因為上師要求而勉強為之的話。在這種狀況下，她甚至可能還積聚了福德。但這位不具格的上師就破毀了他對佛陀的誓言，他的業果會是上千倍的嚴重。

然而，設若你的上師像帝洛巴，而你像那洛巴一般地神智清明的話，那麼不用說什麼性或誓言了；如果你的帝洛巴似的上師叫你從懸崖高處跳下去，你就會毫不眨眼地照做。如果你有足夠的福德遇見像帝洛巴一般的上師，那麼你也一定已經具有相當的成就。

我認識一個法國人，他宣稱對我的虔敬心一如對佛陀一般。於是我開他玩笑，說：「我如果是佛，我給你一枚炸彈，叫你朝一百人的群眾丟過去，那你怎麼辦？而且，如果這一百人都下定決心要殺死另外一百人，其中有些人是菩薩，那你又怎麼辦？你會為了拯救另外那些人的性命而丟那枚炸彈嗎？如果你這麼做，你會因為拯救了菩薩，並且減少了前面這一百人的惡行而積聚善業，但是你必須先殺死他們。你肯不肯？」他的回應非常有趣。他說：「你永遠不可能叫我做這種事，因為你是個佛教徒！」

玩火

我們說世界改變得太多了，整個世界愈來愈進展、愈現代化。但有一些事情未曾改變，其中之一就是「性」。幾乎全世界都一樣，人們還是有一種心態，認為性是禁忌，是你關著門秘密做的事。如同根頓．群培所說，當我們談論性的時候，都是壓低著聲音說的。明顯地，當我們在談上師與弟子一起吃中飯、握手或甚至擁抱時，聲調就完全不同。性是一種親密的關係，兩個人之間的聯結，無論是在夫妻之間，陌生人之間，醫師與病人之間，或者當然，心靈導師與弟子之間都是如此。當性發生在上師與弟子之間時，事情就變得複雜，不只是在兩造之間如此，在所有知道此事的人之間也是如此。

在金剛乘中，性可以是法道；雖然它是困難而且危險的，但如同許多其他金剛乘的道路一般，它是一個非常重要的法道。有些人甚至因為聽說金剛乘利用性做為法道，才有意無意地被吸引前來。他們被吸引來金剛乘是件好事，但這種想法會製造一些問題。金剛乘的重點不是要有好的性事，而是要獲得解脫。

如果你有性關係，你幾乎一定會被各種諸如愛戀、嫉妒、欲求更多等不同的貪著所衝擊。上師與弟子之間的性關係，也會帶有一般的文化與人性的包袱。因此，除非弟子與導師完全清楚正在發生的事，否則他們絕對應該避免性關係的發生。用這種方式供養身體，不像供養按摩、供養一杯茶，或幫上師縫補破襪子一般；它是一種供養，但不僅如此，因為它有極度的情感牽涉其中，它是一種法道。

上師與弟子雙方都不應該自我欺騙，以為他們可以處理這件事。親密關係一如玩火：首先，你需要起火，所以你需要所有的元素：木材、空氣、火種等。如果你的木材太多而空氣不足，火就會熄滅；如果你收集了一大堆木材卻缺少火種，你就會凍死在寒冷的山上。能夠轉化欲望與情慾成為法道的上師，遇見能夠承受此事的弟子，這種機率幾乎等於零；可是，這兩人之間發展出貪著的機率卻非常的高。

在大乘經典中說，我們有貪、嗔、癡三種染污。這三者之中，「癡」是最隱伏的，「嗔」稍微不那麼隱晦，比較容易袪除；而最容易認出、最不負面，但卻最難摒除的，是「貪」。因為貪與慈愛、大悲、容忍都同屬一個類別。這些都與欲求身體的接觸息息相關。

因為我們身處欲界，因此身體上的欲望是人類非常強大的因素。它是情緒（煩惱）最大的發動機，而情緒可以做為法道。為了要修持這種雙運之道，行者必須全然降服。邁向這種道路的人，絕對不能將此想成是一種男女關係。如果不能如此，至少你必須知道它不只是感情豐沛、甜甜蜜蜜、黏不拉嘰的男女關係而已。你應該以真誠的態度來看待這個法道。如果你真能實踐這種態度的話，那麼它會令你很有收穫。

即使就在我們這一生中，也有上師與弟子共同步此法道的例子，非常令人啟發。我親見一些偉大的上師，在其一生中與某些女性修行者相處，而由於這種關係，他們的身體、心靈、氛圍等一切，都如花一般盛開。這在今天也還正在發生當中，當然，由於明顯的原因，我無法指名道出他們是誰。

當雙運之道全然圓滿時，加持就任運自然地到來。如同太陽昇起，蓮花就盛開一般，經於這些女性以及她們殊勝的顯現，智慧因而生起，修持因而成熟，眾生也因而受益。有個例子是，有一位尊貴的明妃供養了她的瑜伽士上師一本單純的筆記本，卻造就了一些有史以來最重要釋論的出現。這位瑜伽士上師圓寂後，我再度遇見這位女士，從她身上，散發出那位上師的所有風采。這種狀況經常發生。

但我們更常見到的是，人們因此而墮落。上師利用性來令眾生證悟的比例並未增加。但是從法道的觀點來看，這並非不可能。我們必須記住，在密續中，「一切」都可以用來做為法道，唯一不能用來做為法道的，是錯誤的見地、貪欲，以及惡念。

雖然不能在此詳加說明，但是為何兩個修行者之間的性關係可以做為法道，有另一個原因。簡略地說，如果知道如何摩擦兩根棍子，你就可以生出火來。類似地，如果知道如何將兩個不同性別加以結合，你就能創造出大樂，因而生起智慧。

最終，不批判

你在選擇一個法道，而不只是選擇一個人。在你接受一位金剛乘上師做為嚮導之前，認真地自問：如果上師做了不恰當、不合法的事，你會怎麼辦？如果上師叫你去做某件與佛法相違背的事，你又怎麼辦？我們必須仔細思惟，因為一旦接受了上師做為導師，身為金剛乘修行者，無論上師展現任何行為，我們都不應該做任何批判。因此，如果你的上師似乎到處跟人睡覺，或者藉由破除習氣之名而四處拿人錢財，這會是對你的虔敬心的測試。

我們來假設布魯克（Brooke）認為我是佛；不只是理論上，也不是因為他是弟子所以應該這麼想，而是真正具有強大的信心，視我為佛。這會讓他的福德成熟而結果，而且，無論我是否真正是佛，他都會得到加持。可是，如果我利用這種狀況來欺負他，不論是實質的、財物的、情感的或性方面的，那麼由於我只是一個凡人，還是受到因果法則所侷限，因此我就有自己的業果必須去面對。事實上，在這種狀況下，因為我擔負著上師的名分因而較具優勢，因此業果會更嚴重。更有甚者，由於我利用佛法來占他的便宜，後果也會更加強烈。然而，由於他的淨觀，布魯克卻會因為對我的虔敬心而實際上獲得利益。

因此，這是另一個理由說明為何在修持上師虔敬心之前，最好先紮實地建立起

©Metropolitan Museum of Art

哲學的基礎

佛陀曾說：「佛陀安住於具足虔敬心者之前。」這句話相當符合唯識宗的觀點，也就是一切都是你的自心。這也是密續最基本的見地。逐漸加強這個見地並且應用它，一切眾生皆佛就是上師—弟子關係的基礎。

佛教哲學的基礎，讓我們確實能了解一切現象都是緣起，一切事物都無本具實存的自性，一切事物都是非二元分別因而平等，一切眾生的究竟本性是佛。經由此，你在哲學上理解：一切事物，包括佛陀與上師，都是你的投射，而你的法道將是智慧與方便的完整之道。

如果你把上師想成是真實存在於外的完美眾生，類似半人半神的話，那麼你就朝著非常可怕，深具破壞性，而且完全是欺騙的道路上進行了。

但我要再重複一遍：一旦你接受上師做為你的導師，你就不能批評他的所作所為。你準備接受這個條件了嗎？還是你想有商議的空間？也許你可以要求上師簽署一個文件，述明：「如果你打我，我就不再是你的弟子。」還是你有勇氣在沒有協議、沒有軟墊、沒有保險、沒有安全網之下，躍出這巨大的一步？

金剛乘並非唯一的法道，對於需要安全網的弟子而言，有無數的法道可供選擇。佛陀教法之根源：聲聞乘，或佛陀教法的核心：大乘，都是同等完整的法道。只要配合必要的訓練，每一種佛陀顯示的法道都完整而圓滿。你並不需要去發明新的道路。

但是金剛乘有一些優點。它是迅捷之道，或者說，如果弟子知道如何以宏大的態度聞、思、見的話，它可以是迅捷之道。我們所朝向的目標並非在遙不可及的遠處；目標其實已經在此地、在此刻，就如同法道正在此時、在此刻作用一般。法道是實際的。許多人在邁入法道之前都遲疑不決，因為他們擔心自己必須放棄很多東西。他們會這麼想：「我無法成為好的佛法修行者，因為我喜歡性愛，我愛好美食，我想要在銀行中有存款，而且我不想待在山洞裡。」但是，金剛乘並不強調苦行；或者也可以說，金剛乘對苦行有不同的解釋。做為弟子，如果你有正確的見地與態度，你可以享有一切你所能想像的歡樂，而且還能得到證悟；事實上，它比起其他法道更快捷，而且更少痛苦。

而且金剛乘對情緒沒有偏見：你可以有你的情緒，也可以有你的證悟。如果持以見地，金剛乘對智慧與情緒不做任何分別。傳統上常以樟樹來做比喻：它可以是毒藥，也可以是良藥。或者，如同科學家把水及H_2O視為同一個東西，金剛乘上師視情緒與智慧毫無分別。以這種態度和見地，金剛乘對於正確與錯誤，道德或非道德，純淨或不淨之間的區分極少。

做為金剛乘佛教徒，我們的目標是要超越二元分別的思惟。二元分別是我們主要的障礙，但多數人都習慣於二元分別，因此無法輕易地從二元地區轉移到非二元地區。我們也對二元分別感到舒適，沒有它就無法作用。我們唯一所說的語言就是二元分別的語言。即使我們要談論非二元的概念，目前也只能將它擠入二元分別的場域中，因為尋常的心智無法理解非二元。而且，甚至即使我們能夠一瞥非二元，在智識上我們對它也不感興趣，甚至還會心生恐懼，害怕自己會失去所有的參考點。

因此，我們對任何可能的二元分別，都想抓住不放。

至於大乘等其他的法道，會有意的運用對與錯的二元概念，來指出眾生的弱點。在這些法道上，你可以發現各種安全措施、規矩、方向牌、指引招牌、指標、度量刻度等。因為它們提供了清晰的方向，因此都相當安全。在這條道路上的弟子，喜歡被告知「這是正確之道」或「這是錯誤之道」。

當我們到了金剛乘較高等的密續時，法道上就幾乎不保留任何二元分別。因為我們基本的目標是要超越二元，因此法道本身也非二元是相當恰當的。

淨水盆中的一朵蓮花，以及顱器中一顆尚在顫動滴血的心臟，在金剛乘中都是完美的供養，世俗上對於美麗或圓滿的規矩都被移除了。對於一般的心智而言，這也許無法想像，但是去除了規矩與路障的阻礙，金剛乘可以異常迅速地前進。但是，我們也要提醒：速度是會有危險的。

即使你鼓足了勇氣，決定邁向這個法道，並且接受某人做為上師，雖然他可能是偉大的上師或真正的傳承持有者，你還是有可能看到他的缺點。你可能會故意忽略，並且跟自己妥協，說：「唉，他還是有人的習性，他也有個性上的問題，但他有其他的功德，能引領我得到證悟。」對膽小的修行者而言，你能做的也就這麼多了。但最終，我們的目標是要在智慧的基礎上，真正地培養出信心與虔敬心。

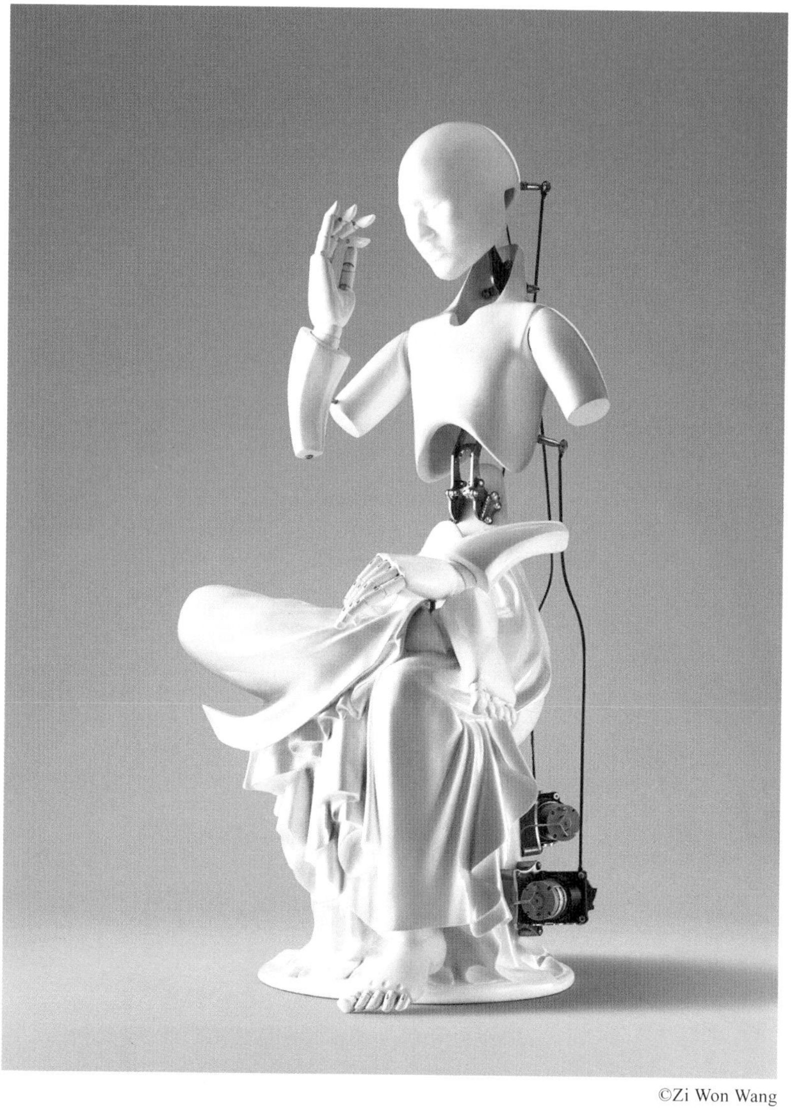

©Zi Won Wang

要小心，不要讓人類的道德感干預金剛乘的智慧。若是如此，你就是拿金子去換乾草。

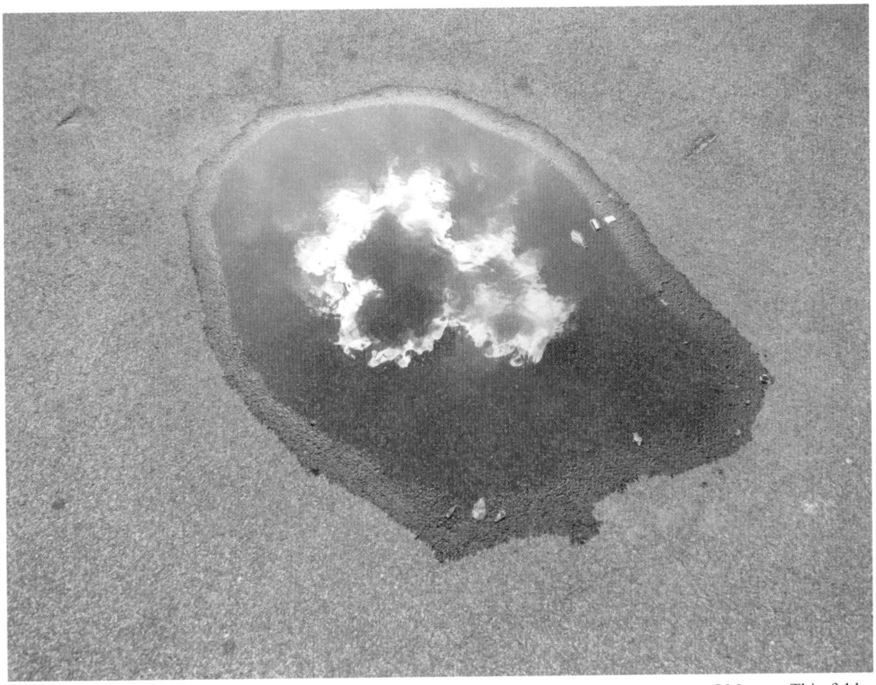

©Magnus Thierfelder

我們必須要檢視上師以及了知上師是我們自己的投射，這二種之間並無矛盾。事實上，兩者相輔相成。基本上，我們必須經常檢視自己的感知，除此之外，沒有其他需要檢視的東西。

需知，當你還在分析階段時，你對上師的行止不需要視而不見，但你不需要批判分別，你也不需要將你的所見公諸於世，對任何人都一五一十地訴說。你永遠可以單純地選擇不走這條特殊的道路。

3 精明地追隨上師

教法不會自動如雨下降

做為修行者，我們必須請法：我們必須祈請導師轉動法輪。不只大乘，在所有其他法乘也都鼓勵弟子如此去做，因此我們有七支祈請文。請法具有極大的利益，尤其不只是為了一己之利而去請求的話。基於出離心、大悲心與菩提心，也就是為了利益一切眾生而請法，最為殊勝。

但如果是一位具格而勇猛的上師，雖然他可能具足所有的知識、時間與場所，他也不一定會給予教法。

我曾在前後兩年之間，多次向尊貴的德松仁波切（Dezhung Rinpoche）請求一個特殊的密乘教法。最後，在尼泊爾的一天，我去見他之後，他要我等他一下。他開始翻箱倒櫃，似乎在找什麼東西，又呼喚侍者來，幫他尋找黃曆。我大約等了一個小時之久，其間，他對我的問題置之不理，而且當他在讀黃曆、做筆記時，也沒正眼看我一眼。最後他說：「好！這是你第七次向我請法，所以我現在教給你。」

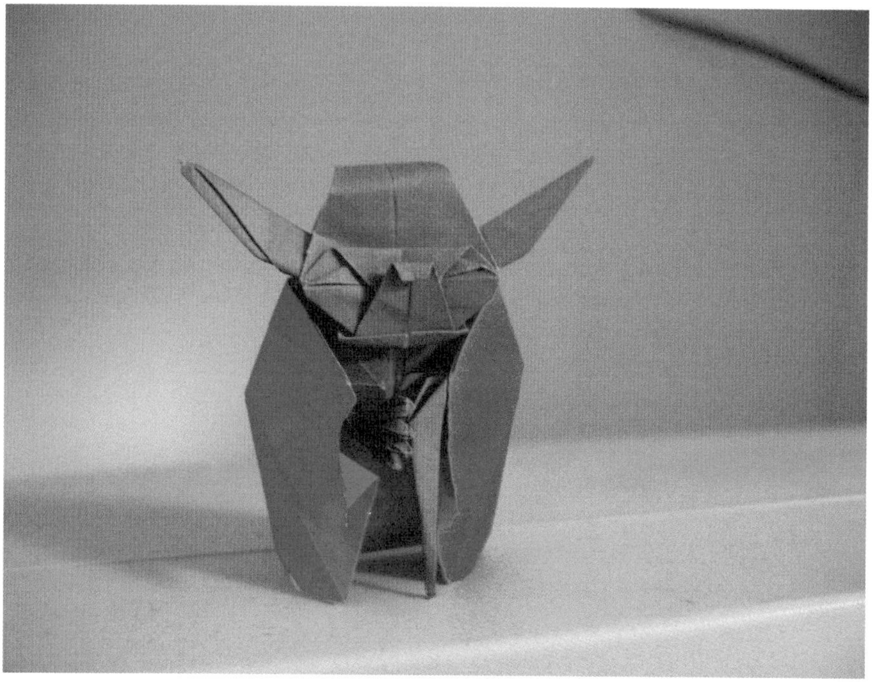

「不要試。做或不做。沒有試試看。」——無上法王尤達（Supreme H.H. Yoda）

表面的恐懼

密乘經典中說，上師比千劫諸佛還要珍貴，因為若是沒有眼前的實體上師，千佛便無法生起。同樣的，剎那之間憶念上師，比起禪定本尊千劫之久還要來得有力。因此，究竟的皈依對象是上師，而所有其他的皈依對象，如佛、法、僧、本尊、空行，以及諸如文殊師利、觀世音等本尊，都是上師自身的化現。基於此，我們訓練自己去接受：上師的任何行止，都是證悟事業。

然而，當我們初見上師時，可能只將他看成是能夠保護我們，讓我們免於世俗恐懼的人。雖然更細微層次的恐懼及其作用是我們痛苦的根源，但大部分的人都覺知不到。因此我們只向上師表白這些表面的恐懼，例如：需要被認同，需要尋找伴侶，對孤獨的恐懼，不知何去何從或是家庭問題等。我們希望免於這些需求及恐懼，於是我們尋找上師，親近上師，甚至為此而認定了上師。

但是，如果上師—弟子的關係只建立在表面的恐懼上，這種關係就會崩壞，因為表面的恐懼永無止境。今年讓你恐懼的事，明年可能不見得會讓你害怕。可是新的恐懼又會出現，你就會一直想找新辦法去消除它。一旦上師不能幫你這樣做，你就會感到不滿意，或甚至失望。

如果你要認真追隨金剛乘之道，那麼上師—弟子關係必須逐漸調整，將上師的保護引導到讓你免於我執。最終，上師的任務是要保護你免於二元分別的心。然而，事情在此會開始變得複雜，因為在很多種況下，弟子並不想要有這種保護。如果上師不夠勇猛——慈悲不足或證量不足——可能反而會變成替弟子按摩、鼓勵或豢養他的我執。

根本上師：一個或多個

「根本上師」或藏語的 tsawei lama，有很多種定義的方式。根本上師可以是你從他接受到四灌頂（寶瓶灌、秘密灌、智慧灌、字句或「如是」灌）的上師。以此灌頂，他成為你的上師。但在此處，我們也必須定義何謂「接受」。我相信許多本書的讀者都接受過五十個以上的灌頂，但也大概都搞不清到底發生了什麼事。接受灌頂的最高定義這個題目太大了，所以無法在此處說明。

你所接受的四灌頂，特別是「灌頂」這個詞，結下了你與上師之間的某種緣分。假若上師的指示能夠讓你一瞥心的本性，那麼他絕對就是你的根本上師。至於根本上師應該只有一位還是多位的問題，並沒有一個清楚的答案，沒有一定的規矩。但是如果有狂熱的藏傳修行者說，你只能有一位根本上師，你也不必感到驚訝。

我是金剛總持

當瑞瓊巴（Rechungpa）問密勒日巴：「你是誰的化現？」密勒日巴答道：「我不知道。我可能是三惡道一切眾生的總集，但如果你認為我是金剛總持，你就會得到金剛總持的加持。」我們需要在心中切記這個教誨。

西藏人對根本上師的態度是很部落式的，大多數人都根據地緣因素來選擇。我的寺院附近的西藏及不丹居民，常都把我當成他們的根本上師，原因就只是我跟他們的村落有關；還有些人因為我的祖父是他們祖父的根本上師，他們也就認我為根本上師。然而，不一定每個人都必須受這種習俗的限制，根據地緣或家族傳承來選擇根本上師的劣習，不應該污染到非藏人或非不丹人。

舉例說，身為美國人或台灣人，可以自由地選擇任何他們喜歡的上師。但是有了這種自由的結果，有些人就像瀏覽商品一般，在眾多上師之間挑三揀四，尋求陪伴、認可及滿足感。然後，由於上師太多了，他們可能就得到相互矛盾的教誨與指導。有時這會造成壓力，但也可能造成有機可乘的危險。當你有太多不同的導師時，就可以選擇那些滿足我執願望的教誨，如此一來，整個心靈修持的重點就失去意義了。

我小時候，家人常與其他有相同年紀孩童的家庭聚餐。吃過飯後，有時我會聽到大人們在計劃哪個女孩應該跟誰結婚。這些女孩子們也都在場，一邊洗碗一邊聊天，完全沒注意到她們的前途正在被安排。我常覺得她們很可憐，因為她們沒有機會決定自己的一生。後來，到我三十多歲時，這件事情竟然也發生到我身上來了。我有一群朋友（不說他們是誰），積極地安排要我跟某個特定的女子結婚。他們自以為是誰，可以替我決定？反正，我很難搞，我已經變成一個非常挑剔的人，即使是一根手指頭的形狀，也要完全符合我喜歡的樣子才行。在此同時，那些當年我憐憫的女孩子們，多數都快快樂樂地與家人選擇的男人結婚了。我所要說的重點是，當你有太多選擇，你就會變得老練；而當你變得老練，事情就會變得複雜。

像平夫人，她可能會試圖讓所有的上師都歡喜，然後逐漸地收集到一整批的上師。她非常喜歡一種大合唱似的全體認可。由於她有許多上師，因此她可以拿同一個問題去問所有的上師，直到她得到一個她想聽的答案為止。然後她將這個答案再告訴其他的上師。其他的上師出於尊重，也都認可這個答案。因此，我們必須檢視自己是否正在進行這種操縱，並且也要檢視自己尋求多位上師的動機，你有可能只是想擁有一群名師，來向人吹噓而已。

有些人堅持我們應該只有一位上師。在所有的經典、釋論及密續之中，完全沒有提到這種規矩。上師的數量沒有限制；有多位上師的話，可能會豐富而具多樣性，但也可能造成迷惑混淆，甚至浪費時間。如果有某個上師說你只能有一個上師，而且只能追隨一個傳承的話，我幾乎可以確定，那就是不應該追隨這位上師的徵兆。但從另一方面而言，如果這個建議來自某位全然慈悲的上師，而且他了解你，希望你不要誤入歧途，若是如此，你就應該感激地接受他的教誨。

實際上，弟子可以有不只一位的上師，如同樹木有許多根枝一般。或者，你也可以有一位根本上師，以及多位的枝幹上師；你也甚至可以有枝幹、果實、花朵及樹葉上師。只要你應付得來，你愛跟隨多少上師都無所謂。蔣揚．欽哲．旺波有超過一百位的上師，內薩瓦．欽哲．旺秋（Nesarwa Khyentse Wangchuk）、夏魯．拉索．坦揚（Shalu Losal Tengkyong）、龍欽巴尊者，以及雅利．班禪（Ngari Panchen）等人也都是如此。

如果你只想追隨一位上師，那也很好。印度行者通常只有一位上師，只修一種本尊，而且達到殊勝的證量。阿底峽尊者曾經批評西藏人修持眾多本尊的習俗。他說，在印度，有些修行者以一座本尊的修持而證得千百成就，而在西藏，人們修持上百座本尊，可是卻成就渺渺。

過早聽聞金剛乘教法

直到今天以前，密乘大部分是不公開的。可是現在，你可以從隨便某個上師或甚至書店就取得到最秘密的教法。過早聽聞或閱讀金剛乘教法有點危險，因為你可能會產生誤解。要解除一個已經接受的概念，比從頭學起的過程還要困難。因此，即使你認為已經準備好了，還是要一再地檢視這種衝動才行。

想要成為密乘弟子的人，首先需要充分了解密乘的見地，藉此建立起堅實的基礎。如果對見地缺乏了解，所有密乘的禪修、法門與素材，都可能在弟子心中造成干擾，因為許多這些方法，都是故意以政治不正確的方式設計出來的，並不是為了配合一般的思惟習慣。

如果你閱讀古老印度上師的生平，會發現當時金剛乘並不那麼輕易給予弟子。當上師決定要將教法傳授給某個修行者時，通常會找個遠離塵囂的地點，然後秘密地進行。那瀾陀大學及超戒寺的密乘行者更是隱秘，沒有人知道他們在教導金剛乘；而當時候到來，弟子要成為認真的修行者時，最有成就的弟子就會完全離開大學。

然而在西藏，這種隱秘性並不被強調。在當地，金剛乘成為日常文化的一部分。雖然寺院牆上繪有不隱晦的聖像，像頭蓋骨，赤身裸體的空行母在屍體上舞蹈，或多隻手臂的本尊等等，一般民眾也都可以進入朝拜。這種完全自由進出的狀態，在古老的印度是前所未聞的。這就像五角大廈的通行密碼及平面圖在任何商店都買得到，還公開展示一般。

當藏傳喇嘛開始在其他地方教導佛法時，他們用的還是古老西藏的方式。他們沒有考慮到佛教在紐約這種地方的歷史還不到一百年；而且，不要說密乘的原則，即使就像業力、轉世、四聖諦、緣起等的概念，許多其他的文化都還是對此極其陌生。舉例說，西藏人對「心」的概念和西方人所說的「心」，一如水與牛奶，完全不同。因此，當藏傳喇嘛和西方弟子談論「智慧」時，所依賴的是很多的假設，而沒有太多共同的基礎。當西方人聽到「心的本性是智慧」時，是經由完全不同的一套過濾系統與習性來聽聞的，因此也就造成了可能錯誤的詮釋。

藏傳喇嘛轉移到其他地方傳法，如果造成了任何基本的誤算，可能就是與這種誤解有關。

溝通

大圓滿經典上說，即使是佛陀本人，也無法用語言表達一切事物的究竟本性。因此，要在上師與弟子之間溝通某種無法溝通的東西，這種藝術深具挑戰。

溝通有無限的方式，也有無數種場合；從榕樹下，導師坐在草墊上，弟子謙遜地坐在面前聆聽；一直到上師坐在虎皮上，對著穿戴五種莊嚴的弟子開示。理論上，只要受到恰當的尊重、珍惜、愛心與虔敬心的話，密乘教法沒有任何理由不能在Hooters美式餐廳或酒吧裡進行。在古老的繪畫中，我們看到描述佛陀坐在鋪了草的石頭上給弟子教法，那塊石頭並不高，弟子也差不多只低一呎而已。但它所傳達出來的訊息是，導師應該坐得比弟子高一些，代表高尚、尊敬，而且受到高度的推崇。

法座與錦緞的使用來自於藏、漢、蒙古等地，這是當地的人們對崇高這個概念的詮釋。西藏人更直接的解讀，即刻建造了不低於四呎高的法座。事實上，上師的座位可以小到只是一個座墊，或者只是在地上加鋪一點乾草，讓他比弟子稍高即可。我不知道當聲聞乘比丘進入藏傳寺院，看到喇嘛的座位比釋迦牟尼佛像還高的時候會有什麼感想。這個光景讓我汗顏。

如果上師永遠不從法座上下來，那麼除非他全然證悟、具足遍知，可以利用心電感應、放光或超自然的能力來溝通，否則上師—弟子的溝通不會良好。上師應該像醫師，弟子像病人。醫師如果不知道病人那裡不對，他怎麼能治療？他必須知道某些症狀，才能對症下藥。如果互相之間沒有溝通，或者溝通是預先安排好的、形式上的，或預演過的，那麼無可避免的，醫師與病人的距離就會拉開，正確的診斷就不容易發生，除非他是全能，或者他有五十英呎長的聽筒。

因此在你尋找上師時，最好考慮一下他是否能夠親近，你跟他有多少溝通的機會。但這並不代表上師需要知道你生活中的一切細節。有些人利用上師來指點生活上所有的細節，甚至包括寵物該吃何種食物，以致於當他們無法讓上師一直了解狀況時，就會生起恐懼感或罪惡感。這種習慣對你沒有幫助，只會阻礙你的法道。上師的角色是要引導你到證悟，要做到這一點，上師只需要稍微知道你一點就夠了。

我記得在不丹有一位瑜伽士，他是尊貴的頂果欽哲仁波切的弟子。每次大約一年左右，他會前來進見仁波切一次。雖然他住在一個完全遠離人群的地方，但他似乎總是知道仁波切何時會來到帕羅（Paro）。每次見了面，談了四、五分鐘，他就消失了。因為醫師與病人的溝通非常良好，那短短的幾分鐘就完全足夠了。

如果你還在做決定的階段，可是你對這位準上師的行為有疑問，這時，你應該向他詢問。譬如說，你親眼看到他痛打一個十五歲的女孩，但這在你的文化是無法接受的事。如果這件事情引起你的困擾，你就應該說出來。溝通可以有很多方式，如果你無法直接表達，也可以寫下來寄給他。如果你表達了懷疑之後，他的行為還是不改變，而且你的懷疑仍然持續地生起，那麼也許你就不應該追隨此人。但是，一旦你接受他做為金剛乘上師，你就別無選擇了。你已經做了決定，就必須接受。

上師遍知嗎？

要詮釋上師的指示不是簡單的事。言語不見得一定就是字面上的意思，所以就有誤解的可能。我們經常依據我們所想聽的去聽聞，上師的指示也因為我們的假設與投射而變質了。

當伊芃（Yvonne）問我，她是否應該跟雅尼斯（Yannis）維持男女關係時，我說：

「是的。」理由是他們兩人其實似乎已經是男女朋友了，所以，有什麼不好呢？伊芃把我簡單的「是」詮釋為金剛命令。而且我有很強的直覺，她一定回去對雅尼斯說，他必須跟她在一起，因為這是上師的指令。所以，直到今天他們還是夫妻一對。另外，有時弟子會問我他們是否可以來聽開示，如果我說：「有何不可？」這句話就會出現一百種不同的詮釋。

很重要的是，對上師說的話要仔細聽聞，不要加上自己層層的假設或推理。舉例說，如果喇嘛正在教導「止觀」等不具形式的教法，基於必要而不特別強調儀式與儀軌，某些不喜歡修持儀式的弟子（可能他們認為這只是特定文化的修持）可能就會把這個教法詮釋為「不要修法」。或者，如果上師說大圓滿是最上乘的修持，或大乘之道是最廣大的法道，弟子就會即刻開始藐視聲聞乘，認為它們比較低下。這都是很嚴重的誤解。

露辛達（Lucinda）小姐初次前往金剛乘的場合時，她無意間看見了巴楚仁波切著的《普賢上師言教》這本書。就在那個時候，她正經歷生活上的一些激盪：一方面她厭倦了年邁的先生，另一方面她也喜歡無所事事的生活方式，而且開始對心靈之道產生真正的興趣。通常，當人們閱讀《普賢上師言教》時，會讀到許多有關世俗生活枉然、苦行生活有益的內容；這些內容都加強了她的願望，想要逃出目前的狀況。但是現實的狀況是：她與四個小孩都需要靠救濟金才能生活，而且其中兩個小孩的年紀還非常小。當她的上師要她去找個工作、存點錢時，她不了解為何上師會說出這種話來。她以為上師會重複巴楚仁波切的話，鼓勵她住到山洞裡去。因此，她就把這個指示自我詮釋為上師給她的測試。但這不是測試。上師是看到她的狀況、她的小孩以及她的潛能，因而想要幫助她。許多六〇年代的佛法修行者都沒有財產，也沒有存款，她的上師希望她不要落到這個地步。可是，無論上師告訴她多少次應該去找個工作，她還是認為這是對她的測試。

我們的困境是：不知道應該在什麼層次上接受指示。指示是在什麼狀況下給的？是給你個人、給別人，還是給群體的？如果上師告訴一個吃純素的人要喝牛奶，他可能是為了他的健康，可能是要測試弟子的虔敬心，也可能是忘了弟子吃純素，所以不知道這會造成弟子的困難。在這種狀況下，初學的弟子可以提醒上師她吃純素，而資深的弟子則可喝也可不喝，但她不會為了到底該不該遵守而感到困擾。

大部分的上師都像植物一樣，既被動又遲鈍。上師也許並沒有要做任何善巧的事，弟子卻對著一個單純的指示解讀出許多意思。他們把自己弄得神經緊張。弟子常都以為上師無所不知，以為他具有遍知的能力。我必須承認，在很多情況下，我甚至都故意讓他們這麼以為。但有時我會承認：「不，我真正不知道那個狀況。」當然，我愈抗議，他們愈認為那只是謙遜之辭。所以，上師看起來暫時處在穩贏的狀態下，但是，可能很輕易地就會轉為穩輸的狀態。

佛陀有能力把每個人的耳朵封起來，讓他們無法聽到某些不要他們聽見的教法，但一般的上師做不到。因此，也許別人所需要的特別指示，卻被你無意間聽見了。聽到了不是要給你的指示，可能會造成你多年的誤解。因此，向上師澄清教法是非常重要的，初學者尤其如此。

事實上，在整個詮釋的迷宮裡航行是非常困難的。就像溜冰選手需要知道何時進、何時停一般，修行者必須善巧地找出一條路來。很明顯的，最主要的還是發心，其他的你會一邊進步，一邊學習。

主人與僕役

許多古典用詞都逐漸地消失了，這是很可惜的事。口語詞彙取代了它們，卻都因此而沾染了文化的色彩。舉例說，在藏傳經典上，女人稱為「rigkyibumo」，簡單的可以譯為「良善家族的女兒」；可是在藏語的口語中卻用「khyiemam」這個字，它有「低下之生」的含義。我們在古典的典籍上不會見到這種污衊的涵義，在釋論上見不到，在經典上更見不到。同樣的，Kalyanamitra 這個字現在很少使用了，甚至在大乘中也如此，人們以「喇嘛」或「師父」來取代。Kalyanamitra 的意思是「善知識」，幾乎類似同族的親人。

我們需要用一個語詞來溝通，所以在大乘佛教中我們用的是「師父」（master），這是易於了解的。我們不僅用「師父」這個詞，而且還為了實用的原因，也利用其所代表的現象。用「師父」這個詞的問題，是它暗示有個「僕役」（servant）①在，而在今天，這會引起爭議。然而，特別對初學者而言，這種「主僕」互動關係中的某些元素，是不可避免的。

在巴利文的上座部系統，尊重的是「有學」（sekha），也就是修持較高等的佛弟子。因為有學絕不會宣傳自己的成就，因此在家弟子就必須自行判斷。經由有學的行止、對佛法的理解，以及其他明顯的徵象，弟子們因而培養出對他們的尊崇。

在大乘佛教中，傳統上對上師以頂禮、恭迎、擦鞋、供養等方式來表示尊敬。經典中敘述釋迦牟尼佛證得頂髻——佛身最珍貴，也是最殊勝之相——來自他對上師的尊崇與頂禮。

在金剛乘中，我們說上師不僅只是師父（master），但即使這種說法，還是隱藏了上師的本質。實際上，上師是唯一重要的。上師是心靈證悟的根本。上師就是佛，而不只是讓你憶念起佛的媒介而已。

在密乘法門中，觀想上師有三個階段：觀想上師為佛，視上師為佛，最後視自己為佛。當我們說應當觀想上師為佛，並不只是對他尊敬或景仰而已。記得烘蛋的例子嗎？熟悉烘蛋的人，那些材料**就是**烘蛋。在此，我們所談的是一種態度，一種見地。如果你從來沒喝過西藏酥油茶，也許第一次品嚐時會失望。但是如果有人說：「這是一碗湯。」那麼你也許會覺得味道好一些，因為你沒有「茶」這個先入為主的假設。這是一種修心的方式。藉由去除先入為主的概念，結果你終會視上師為佛，然後這會讓你更進一步，視自己心的本性為佛。

在金剛乘中，你仍然尊崇上師——你仍然恭迎他、幫他擦鞋，但你以非常不同而且宏大的態度來做這些事。你不只是在幫師父或比你高貴的人擦鞋；而是你認為這個會打哈欠，會想睡覺，看起來很普通的人，正是你真實本性的投射，而你的真實本性就是佛。

在懷疑與信任之間找到平衡

基於前述所有的理由，同時你也需要常識的判斷，因此在開始追隨上師時，某些恰當分量的懷疑是必要的。做為法道上的行者，相當成分的懷疑是被接受，而且被鼓勵的。之後，你便不時需要強迫自己去做另外一種懷疑：對懷疑本身的懷疑，

①原書英文是以 master 與 servant，亦即「主人」與「僕役」來解釋師父與弟子的關係。在中文字義上，這種涵義較不明顯。

就像紐舒．隆托弟子的例子。因為，無論有多少個冠冕堂皇的理由來確認你的懷疑，懷疑畢竟還是你的投射，它可能都是基於你執著不放的偏見以及扭曲的感知。

你也應該生起信任。信任自己選擇這條上師法道的發心，也就是想要解脫痛苦，並且幫助眾生。你也應該信任因果法則；追隨上師的原因是由於出離心與悲心的激發，因此你已經種下正確的種子，因此最終一定會結出正確的果實。同時，你也要信任佛陀與佛法；究竟上，你所皈依的是佛法。

我們對於信任與懷疑這兩者之間的平衡，應該巧妙地善加運用。

炫耀上師

當蓮師來到西藏時，他不肯透露他上師的名字。歷史上有很多這類隱秘的例子，特別是身為密乘修行者，通常都會盡量不提上師的名字，更不用說到處炫耀某人是自己的上師。上師、本尊與明妃都應該完全保密，因為這三者最為神聖。理想上，連自己是密乘行者也應該保密，但我們總是毀損了這些方法。事實上，這年頭大多數人都不經心地炫耀自己的上師，包括我也在內。

弟子經常不太自知由於他們對上師的虔敬心過分熱中，反而造成的負面後果。

©Nicola Delle Donne

經常提醒自己：這只是道路，只是方法，而不是目標，不是結束。

這種熱中不僅不能啟發他人，還可能令人避而遠之。舉例說，有些不丹的老弟子，教導完全新進的外國弟子吃上師剩餘的食物，或替上師穿襪子、綁鞋帶。他們在不丹人之間這麼做還好，但在一些剛被佛陀教法啟發的人面前展示這種行為，很不善巧。新進的人不見得會接受這種看起來像拍馬屁的行為。

現在，我們應該用不同的方式來啟發人們。製造了某些狀況而讓人們對密乘的智慧傳統生起反感，是很不幸的事。因此要注意自己的行止：一個潛在好弟子的善緣被阻斷，你可能是直接的原因。

不計後果地追隨

追隨上師，你非常需要導航。你必須與直覺角力，也需要跟自己的個性及習慣作對。你應當知道，這個掙扎的航行，就是心靈旅途的精要：你為了要尋覓答案，就必須翻過高山、渡過大河、越過沙漠才行。這是你自己選擇的旅程。

根據龍欽巴在《法界藏》釋論中的說法，上師為了要測試弟子是否已經能夠接受更深奧的教法時，會給他各種艱難的工作，或甚至故意虐待他。此時，上師可能會跟他作對或有過分的要求，弟子也會覺得某些工作無法心甘情願地完成。你可以閱讀例如常啼菩薩（Sadaprarudita），或者另外一些在法道上一心無悔地追隨上師的修行者，例如：那洛巴之於帝洛巴，耶喜措嘉之於蓮師，密勒日巴之於瑪爾巴等，以及許多近代上師不可思議的故事。

能夠完全服從而不問任何問題，是非常特別的；不只口頭上不問，在心底也如此，能夠直覺地完全不問任何問題時，其中會充滿極大的自由。有一回，我陪著貝瑪．旺嘉祖古（Tulku Pema Wangyal）旅行，他有兩名弟子跟隨。我們坐了汽車、轉搭火車，再換了計程車，然後往機場去。我問那兩位弟子，到底他們要往哪兒去？他們回答說：「不知道。」因為貝瑪．旺嘉祖古拿了所有人的登機證。

但這是不容易的，或者就是應該不容易。如果上師叫你在大庭廣眾前脫光衣服，你怎麼辦？對大多數的人來說，這會非常尷尬。但也有像道格拉斯（Douglas）這種人，他在情緒上與習慣上都喜歡光著身子。基本上，他從小就赤身裸體四下奔跑，而且現在他的嬉皮生活方式，有一部分就是裸體修行。因此，如果上師叫他脫光，他一點問題都沒有。但是如果上師叫他向孟加拉女友求婚，或到銀行找個朝九晚五的工作，或幫雅各（Jakob）洗內衣褲，那麼他就很難答應了。這些才是道格拉斯能不能完全遵從上師指示的真正測試。

某些弟子無論上師說什麼他都照做，尤其是有機會在法友中獲得「最服從的弟子」這種名聲之下，他們認為是好玩的表演。例如，蘇瑞士（Suresh）樂於為了佛法而被上師告知去跟許多女生混在一起，因為他本身就是個好色之徒。但如果上師請他照顧一個他不喜歡的女生，他的服從就會面臨測試。在這種狀況下，表相的服從可能是虛假的。

覺受一如晨霧

做為金剛乘弟子，我們被告知應該完全依照上師的指令去做，而且對上師所說的任何一句話都要確實當真。同時，我們又被告知，無論聽到、想到、學到或讀到任何東西，都不應該抓著不放。乍看之下，這兩者似乎充滿了矛盾。需要記住的重點是，我們獲得的任何訊息，也同時被我們所過濾，因此，過濾後所剩餘的，是我們獨有的一種特殊的了解。

這種了解並非證悟，甚至也不是覺受。它好比衣服上終會掉落的補丁。有許多補丁似的了解並沒有關係，因為它遲早會脫落，覺受也因而得以顯現出來。然而，我們也必須注意，一直與一大堆補丁共存，會延長我們在證悟之道所花費的時間。我們這一輩子還剩下多久？二十年？如果幸運的話，三十年？到目前為止，我們所了解的一切，都只不過是支撐我們輪迴版本的一些補丁而已，有任何人還願意花上未來十年，繼續相信這個版本嗎？因此，我們必須準備撕掉這些補丁。

但要注意的是，一旦內在的皮層暴露出來，我們很可能會誤以為它就是果實。因此，我們必須隨時準備接受那只是另一層皮而已。我們不僅在聽聞、思惟或閱讀時應採用這個原則，在禪修上更是如此。所以西藏諺語有此一說：「覺受一如晨霧，瞬間即消失無踪。」

犧牲

我們必須了解佛法無價，這並不代表佛法免費。修持佛法需要做出犧牲，而犧牲有各種不同的形式。如果你是嬉皮式遊手好閒的人，上師卻叫你去銀行上班，或成為企業執行長，那麼這個犧牲可能就是你最好的上師瑜伽。若你剛從長春藤大學畢業，但上師告訴你：時候到了，你該去做九年閉關了；那麼，遵從這個建議就是非常好的出離心修行。

跟上師說「不」

如果上師要求你做某件事，但不論由於何種原因你無法做到時，你應該知道你可以跟上師說不。在這種狀況下，上師有責任不去堅持。如果你不能遵從，但上師卻堅持，那麼他就製造了破毀三昧耶的種子。

有些時候，我們有恰當的理由不能遵從上師的要求；也許我們不夠成熟，或者不夠勇猛。在這種情況下，如果再強迫下去，弟子對上師或法道可能會產生錯誤之見。通常，弟子稍有遲疑時，聰明善巧的上師就能覺察。但是如果上師不知道如何解讀我們的行為，或假裝不知道的話，我們可以明白地告訴他，我們無法遵從他的指示，而且將原因告訴他。

然而，如果我們做得到上師的要求，卻為了面子問題或因為世間八法的影響，而不願意遵從上師的話，善巧的上師就會堅持，直到我們的我執崩解為止。

你可能認為無法完成指令，但上師對你的信心比你自己的還多。這種情況下，上師可能會堅持。但是，溝通是很重要的，上師必須善巧。舉例說，上師可以從局部的堅持開始，再逐步地增加，而弟子也有責任要一步步地嘗試。

但是，有些上師完全不思索弟子是否做得到。他可能會說：「馬上幫我拿一朵從紐西蘭來的花！」這類的指示有很多不清楚的地方，但是經由良好的溝通，誤解就可以避免。而且，一如俗諺所說，我們只能盡力而為。同時，發心最重要，所以切勿放棄。雖然你可能無法完全遵從每一個指示，但你可以發願，希望你能如此。

切記，這只在金剛乘修時才如此。在大乘中，如果上師叫你做某件不善的事，你不需要遵從。事實上，你可以用尊敬的態度來據理以爭。在其他法乘中也是如此。

對上師的虔敬與淨觀

要了解上師虔敬的核心意義，用「淨觀」來說明很有幫助，因為「上師虔敬」已經被濫用而且扭曲了。經常，宣稱具有上師虔敬的，都只是拍馬屁的人。真正的上師虔敬是淨觀的修持，以非二元來視上師。但是要達到那種地步，我們必須訓練自心，也要自我調整。

在達到淨觀之前，我們首先要說服自己，一切都是自己的感知。我們以聽聞及思惟來自我訓練。要接受「情人眼中出一切」——而不只是「西施」——不是很困難的事。當你看到喜歡的東西，你就感知它是可欲的、良好的。同樣的，如果你看到不喜歡的人，那麼你的感知就是負面的。仁慈、容忍、不耐煩、憤怒等，都是你自己的感知。

如果你以仁慈的感覺取代憤怒，你的感知就會有所不同。如果你對某件事具有容忍心而非不耐煩，你就會有完全不同的感知。如果你知道生命是無常的，就會以不同的觀點看事情。當令你厭煩的友人突然被診斷有末期癌症，你對他的感知也會完全改變。

即便是有限的理解，如果我們學會接受「一切都受我們的感知所支配」這個事

©Sam Droege

當蜜蜂從花蕊中採蜜時，並不會將花摧毀。牠們只吸取其精華而已。

實，那麼對上師的淨觀就比較可以達到。上師虔敬加上淨觀，就與拍馬屁完全無關，而與訓練你自己的感知有關。

如何生起虔敬心

許多人花了相當長的時間學習佛法，因此認為自己對某些事情已經有所了解。我們也許有些微的了解，甚至還有過某些短暫的覺受，但是，如果我們知道這些知識與覺受還可以持續改進或超越，如果我們不滿足於自己所僅有的這些，如果我們有勇氣放下自己所擁有的，而且還渴望獲得更多，那麼，這就是虔敬心的開始，也是謙遜的徵象。謙遜是虔敬心得以成長的滋潤與肥料。

要幫助虔敬心長成，需記住下列事項：

- 你的朋友、家庭、身分或各種大大小小的計劃，都無法提供給你任何快樂的基礎。
- 你周遭的一切絕對都是無常的，甚至你的身體也是如此。你雖然確知你會死亡，但你無法確定何時、何地、以何種方式死亡。
- 與你相關的人，陪伴你一生的人，終究都會讓你痛苦。
- 你一切的關係都是暫時的。當你住進旅館時，不會想要與旅館經理、幫傭

©Allen Hill

竹巴噶舉的嘉旺·傑（Gyalwang Je）曾說：「我們可以懷疑人們能否能經由禪定而解脱；但經由虔敬心而解脱，一點疑問都沒有。」

及侍者共度永恆。你的家庭、你的朋友、你的理想與價值觀，都與旅館經驗無異。遲早，你必須退房，與他們分離。

- 三寶是榮耀的。要經常憶念他們的證悟功德。而且盡量接觸善友、接觸能誠實地指出你的缺點的上師。
- 沒有任何事情是隨機發生的。一切都根據因、緣、果的數理邏輯而發生。我們完全信服此一邏輯。現代人對於業的作用都相信到某個程度，例如：我們知道金盞花不是上帝創造的，而是在對的條件下，由一顆種子生長出來的。但是我們欠缺對業果更深奧、更堅決的信任，因此而讓我們產生很多失望，感到生命「不公平」；特別是在我們努力地做對的事，卻遭受不可遇見的後果時。我們只信任即刻而明顯的因緣，卻從不懷疑在它們後面有更多層層疊疊的因緣。
- 如果你在心中生起這些思惟，虔敬心也會因而生起。

四種虔敬心

根據吉美．林巴的說法，虔敬心可分為四種：

1 **啟發的虔敬心**：閱讀或聽聞佛陀的話語之後，你覺得很有道理，因而被佛法所吸引。理想上，這是你一開始時所產生的虔敬心。

2 **渴求的虔敬心**：如同蜜蜂欲求花蕊，你有培養出某種品德的欲望，渴求應用教法來獲得其結果。

3 **信任的虔敬心**：你開始看到三寶無上而且無欺的功德，因而你衷心地對導師及教法具足信心。

4 **不退轉的虔敬心**：一旦你相信了頂頭上方就是虛空，任何事物都摧毀不了這個信念。同樣的，一旦你經由聞、思、修，而對見地、修持與行止產生了信心，你就會視上師與佛無異。你以強大的決斷心及信念邁向法道，而且永不退轉。這就稱為「不退轉的虔敬心」。

如何維持虔敬心

如何維繫虔敬心？曾經有一位噶當巴上師給了很簡單的教法。諸位可能都聽過其中大部分。但有些教誨，我們都必須一再地聽聞：

「對佛法的虔敬心即是聖財」

對佛法的虔敬心是非常難以生起的聖財。當初學者生起虔敬心時，可能伴隨著各種期待、希望與恐懼。暫時而言，這無所謂。即使只有這種虔敬心，也令人鼓舞。

「抓住虔敬心的浪濤」

虔敬心像波浪一般，它是一個入口。如果你是個衝浪者，絕對不會放掉那個浪濤。一旦你抓住了，它會在修持中帶領你。因此，當你一被虔敬心啟發時，不要等待！要抓住它，利用它。如果正在泡咖啡或正在開車時虔敬心突然生起，我們習慣上都會想：「感受到這種虔敬心真好！」然後將它記在心裡，心想稍後要以這種感覺來修持。事實上，不論時間有多短暫，甚至沒有時間，我們也應該當下即刻修持。即使你只有些微的時間唸一小段蓮師祈請文，也應該立即去做。

「輪迴事務永無盡頭」

吉美．林巴實在充滿智慧。我們有些人會想像，有那麼一天，我們可以完全放棄一切輪迴的活動以及世間的責任，然後全心投入佛法。但吉美．林巴告訴我們，這個時刻永遠不會到來。你並不需要停止一切世俗事務，而只修持佛法；你應當切記：世間的工作永遠無止境。他在告訴你不要欺騙自己，切勿以為在此生中，你會到達完全沒有其他事情可做的時候。抱著這種因循拖延的態度，想像我們的工作某一天會結束，我們就永遠不會開始修行。輪迴事務永遠無盡，而且永無成果；輪迴活動永不結束。因此，無論何時何地虔敬心自然生起，馬上運用它。不要想像過一陣子你可以用先前的虔敬心來啟發你的修持，因為到那時，你的虔敬心早已消失殆

©Yosigo

掌握住虔敬心的浪濤。

©Rudolf Stingel

輪迴事務永不止息。

盡了。

「培養堅忍之心」

當虔敬心受到考驗時，你要培養堅忍之心。舉例說，假設你投入長時間努力地修持，卻連一個好夢都經驗不到，而且日常修持的啟發與熱心也都逐漸退失，這時，你就要修持堅忍之心。甚至只是口中念念而心中無感，你也要持續下去。

「培養急迫之感」

我們不知道自己對此生的計劃會不會成真。因此，要對自己的修持培養一種急迫感，在心靈道上不要拖延。

禮儀與成規

禮儀基本上是儀式的一種，它受限於不同的習俗與文化，因此有多種的形態與目的。禮儀可以是好的，但它也可能變得非常繁複而遮蔽了更重要的東西。密勒日巴說：「如果我生病時沒人聞問；如果我死亡時沒人哭泣；如果我能獨自死在僻靜的閉關處，那麼，身為瑜伽士，我會非常滿意。」他對於別人對他鞠躬多深、他的墓碑石多大，都毫無興趣。這是大修行者的態度，他們不在乎外在的展現，也不需要社交禮儀。

在密勒日巴和瑪爾巴之間，也沒有什麼禮儀或成規。瑪爾巴不需要戴著華麗的頂冠或從事虛假的遊戲來讓弟子感到開心。密勒日巴也從來不做任何虛假的遊戲來取悅上師。但今天，如果有導師暗示要採取瑪爾巴對待密勒日巴的方法，他就會即刻失去弟子。

在不丹，對上師尊崇的修持，幾乎僅剩形式上的行禮如儀了。不丹人認為他們都必須彎腰鞠躬並接受加持，結果他們幾乎對任何人，即使對方與仁波切或喇嘛幾乎都沾不上邊，也要彎腰鞠躬。通常，喇嘛在法會上或重要的送往迎來時，會將手放在人們的頭頂上，但現在已經變得過度氾濫。人們在每個早晨、每個傍晚，或每次喇嘛離開一下，就要接受加持。

對比起來，有一次我在拉薩繞行八廓聖路。有個高大的康巴人靠過來，跟著我繞行了幾圈。過程中，他像很多康巴人一般，直眼瞪著我，絲毫沒有禁忌。後來，我走累了，就坐在一個板凳上休息。他走到我面前，說：「我聽說你是宗薩欽哲？」我答道：「我想是吧，反正那是人們稱呼我的名字。」他一聽，就解開捲在頭上的長辮子，說：「既然如此，你可以把手放在我頭上嗎？」但他也不彎身，所以我花了很大的力氣才碰到他的頭頂。隨後，他把辮子捲回頭上去，取出他的錢包，自己留了十元人民幣，然後把其他的錢揉成一團，丟到我的包包裡，沒有用信封，也沒有禮儀。他用藏語對我說了一句類似「不要搞砸了」的話，意思是：他已經降服於我，所以我應該照顧他。

過後，我又遇到他好幾次，但他並不再來要求加持。對他而言，一次手碰頭的加持就夠了。他不覺得需要一次又一次的要求加持。

這位康巴人很特別。多年來，我注意到有一整套的不丹及西藏禮儀，被強行加諸於西方弟子身上，但它們經常起不了作用，因為這些習俗原本就不是為了西方人的身體所設計的。西藏人不應該強迫塞爾維亞人用伸舌頭來表示尊敬。如果穿西裝的美國人在公共場合中，對他上師伸出舌頭來表示禮敬，看起來會相當荒唐，特別是對其他那些真正有好奇心，想要尋找心靈之道的西方人而言，更是無法理解。

類似上師進來時我們起立，或用雙手送上東西等一般性的禮儀，都是優雅而令人啟發的舉止，但是沒有所謂唯一正確的作法，因為每一種文化都有其特殊優美而禮貌的禮儀形式。我這麼說可能西藏人會感到訝異，但我認為英國人在許多層面上，比西藏人還有禮貌。甚至喧鬧吵雜的中國人，如果你熟悉他們的文化的話，可以注意到他們也有自己的禮儀。

最重要的是要記住，上師—弟子的禮儀基礎，在於純淨的淨觀。因此，不把上師看成同儕，是禮儀的精要。儀式性的禮儀對培養紀律而言有其重要性。特別是密乘修行者，可以用禮儀來做為修持正念的工具。

禮儀的效果與發心有關。穿著整齊、塗上口紅去見上師，可以是積聚福德的方式。如果一個懶散又厭惡正式服裝的人，以尊敬的發心穿上西裝、佩上領帶去見上師的話，他就積聚了福德。通常，你到了西方的佛法中心，會發現佛堂裡充滿了衣著邋遢的男女眾。他們願意在上班時穿著西裝，卻選擇穿著睡衣來參加佛法開示。不僅如此，每個人還各自帶足了半大箱的文化飾物，把佛堂裝飾成社區瑜伽健身中心，完全缺乏塑造儀典氣氛的禮儀或發心。

文化沙文主義

我們不應該只因為習俗而尊敬上師，也不應該只用傳統的方式維持與上師的關係。雖然如何應對上師有一般的規矩，例如你應該替上師開門，應該走在他的左側，不應該踩到他的影子，應該坐得比他低一點等，但這些並不只是規矩而已，而是要讓我們生起正念的覺知。但時間一久，這些都成了習俗。我看過我的不丹侍者喋喋不休地抱怨西方人不知道怎麼端坐，而且給來訪的人各種指示。不丹人常陷於文化沙文主義之中，誤將文化習俗及禮儀當成真正的虔敬心。

有些西方人比西藏人及不丹人對喇嘛更有虔敬心，因為他們比較不受習俗或傳統的影響。對他們而言，虔敬心不是一種義務。某個從俄亥俄州來的人，在法會中可能不知道腳要擺在哪裡才對，因為他不是不丹人，不是在法會、佛塔、祈願幡的環境中長大的。然而，他會從舒適的工作中離開，旅行遠離家鄉，學習奇怪的語言，適應奇怪的習俗及食物，而且全心全意追隨上師與佛法。這些西方人並不笨，他們受過教育，而且有獨立思考的能力。他們沒有任何文化上的理由去擁有虔敬心，但他們卻具足了虔敬心。

禮儀或作秀

值得一提的是，弟子在公共場合中如何應對上師相當重要。一般性的規矩，例如上師站立時你也站立，不張開大嘴呼吸等都需要遵守，除非你得到不需要如此的特別許可。但同時，你也要看情況來善巧地調整。如果你在一些非信徒面前做出誇張的行為，就可能讓某些人受啟發的種子消失殆盡。我的弟子珊卓（Sandra），雖然她具有善良的發心，但她把我吃剩在盤中的食物分給其他人做為加持物時，就很可能在非信徒或新進者之間造成誤解。為什麼那個來早一天的西方人，突然就自以為可以在新進者面前要內行？

現今，心存懷疑的人很多；因此，如果你控制不住自己所謂的虔敬心，而且還加以炫耀的話，例如目不轉睛愛慕地看著上師，或甚至舔他的腳趾頭，很容易就會嚇跑原本可能對佛法好奇的人。做為佛法修行者，你有責任去啟發他人來追隨佛法之道。因此，特別是在與上師之間的應對，你必須行止合宜，而且當然要得到上師的應允。

對冒牌上師的虔敬心

如同前面說過的，我們可能由於業緣之故，而有個冒牌的上師，他並非出自慈祥而教導。但是，如果弟子認為他是慈祥的體現，而且對他完全具足虔敬心的話，還是會有一些利益。上師不一定需要證悟，但是如果弟子認為他是證悟者，而且以此對他敬重，那麼弟子就會接受到加持。這讓上師虔敬的挑戰更具挑戰，也讓灰色地帶更加灰色。

從前，有一頭強壯狡捷的獅子，牠有最美麗的鬃毛。許多獵人都想要獵殺牠以取牠的毛，卻都不成功。可是，由於某種原因，牠只要看見穿僧袍的比丘，就會變得溫馴。有一天，有個偽裝成僧人的獵人終於走近牠，把牠殺了。雖然獵人是個假和尚，但是由於獅子對藏紅僧袍的尊敬，因而積聚了九十九劫的福德。這頭獅子最

©Hengki Koentjoro

對上師完全沒有虔敬心的感覺，就像平躺在深海底下的石頭。整個海洋在你的上方，而你是在那裡的一塊卵石，一滴水也吸收不進來。

©Michael Johansson

沒有虔敬心，就像無人掌舵的船漂在水面上，何處也去不成。只有知識而沒有虔敬心的心靈之道，無法帶領你抵達彼岸。

©Jaap Scheeren

沒有虔敬心，你就像盲人造訪有著美麗壁畫的寺院。具足虔敬心的人就像藝術家，他在一切事物中見到美好，甚至垃圾袋也可能是美麗而深刻的藝術品。

©Candace Fladager

沒有虔敬心，弟子就像焚燒過的種子，菩提心的新芽無法自其生長出來。

©Tito Mouraz

如果缺乏虔敬心，你就會像掉落痛苦的深淵而無法逃出。

©Kechun Zhang

學習佛法而缺乏虔敬心，就像到了一個充滿金塊的島嶼，你卻沒有手可以收集。

©Bahman Farzao

虔敬心就像熱帶豐饒的大地，萬物都茂密生長，無需費力。如果你具足虔敬心，證悟功德就會自然生起。只有知識但缺乏虔敬心的人，無法見到證悟的新芽如春筍一般地在一切現象中成長。

©Ekkehard Altenburger

虔敬心就像擁有一座完全封閉的房子，入侵者無法入侵。各式各樣的負面情緒可能會來騷擾，但因為它們不得其門而入，因此馬上會離開。

後成為釋迦牟尼佛。因此，尊崇佛法，其福德甚大。

這一切都要看虔敬者。如果弟子很有成就，而且他還將假上師視為一切上師的總持，那麼這位弟子還是能獲得加持。當然不用說，如果具足虔敬心，而且虔敬的對象不是冒牌的，那麼虔敬之道就會非常迅捷。

供養

據信，得遇金剛乘比得遇佛陀的機會還要稀有。當教導金剛乘的因緣都具足，時間、地點也都恰當，那是非常殊勝的。我們這些人，即使只是對金剛乘有些好奇，一定是具有某種福德才能如此：再加上得以遇到某人有能力而且願意教法，那更是真正的珍貴。

金剛乘說，對修行者而言，沒有任何事情勝過憶念上師，因此，與上師維繫關係是最重要的事。我們為了要保持這種聯繫因此做供養；而在所有的供養中，最上乘的就是將上師的指示，也就是「法」，付諸修行。只需如此，就能令無量諸佛與傳承上師歡喜。因此，如果你的上師具格，光是這件事就能令他歡喜。藉由將佛法付諸修行，你成為許多有情眾生大樂之源。所有的慈善之行中，以此為最。

密乘經典說，除此之外，次好的供養就是提供服務：從擦鞋、影印、管理佛法中心、起草信件，一直到打點庶務、整理花園等都是。

蜜琪琳（Micheline）是一位法國的比丘尼，她就像一座儲藏室；在任何時候、任何地點，不論你跟她要什麼東西，甚至一顆鈕扣，她也會有。在巴黎雨果大道上有一棟房子，包括敦珠法王、尊貴的頂果欽哲仁波切等很多大師都在這裡駐錫過。她幫忙打理這棟房子，整理得井井有條。但是，每次我路過巴黎去住在那裡，她就會嘆一口法國人特有的氣，告訴我她很想去閉關。我很難予以回應，因為修行是最殊勝的供養，我不能叫她不要如此渴望。但是，閉關中心不一定是最好或唯一的修行場所；況且，她也很可能變成像我所見到的許多人，雖然身在閉關中，並不見得真正在修行。

但願蜜琪琳能知道，在這兩位近代最偉大的上師曾經呼吸、刷牙、睡醒、開示過的空間中，他們的ＤＮＡ可能掉落在某處；在此，像佛陀一般的聖者曾經親臨而且留下過無數的足跡。她能打理這座偉大上師們走過、睡過的房子，比做三年閉關還要好。在密乘中，這棟屬於自己根本上師的住所，應該被視為就是菩提迦耶，因此能在此處打理是非常珍貴的機會。如同蜜琪琳一般，許多密乘弟子奉獻自己去管理佛學中心或幫忙上師燙衣服，卻不知道這些行為本身就是修行。

最後，密乘經典也提到物質供養，特別是在灌頂的日子供養的話，是非常吉祥的。

如同前面所提的烘蛋例子，金剛乘是果乘。做為金剛乘修行者，你訓練自己將上師視為佛以及壇城本尊。理想上，這不只是想像或運用觀想而已，而是真正視上師就是如此。這對一般人來說相當困難，所以我們運用密乘的方法來訓練，就像訓練藝術學生如何觀看一般。在此，我們學習的不只是如何觀看，也學習如何品嚐、如何嗅聞、如何聆聽。

因此，在不同的密乘儀軌中，你會看到各種觀看上師的方法，有些甚至不是全觀，而只是部分。例如，上師的身體分成不同的壇城，或五方佛族，你可以依此對各部分分別做供養。對上師的眼做供養，就是供養地藏王菩薩及彌勒菩薩；以音樂供養上師的耳，就是供養金剛手菩薩及除蓋障菩薩；右鼻孔是虛空藏菩薩，舌頭右側是文殊師利菩薩等。因此，你可以藉由供養上師身體的各部分，來供養其八大特質或所屬的各個本尊，而不需要分別去供養不同的本尊。

而且，不只上師是本尊，供品也被視為本尊，甚至做供養的修行者也是本尊。如此思惟，具有殊勝的福德。

密乘經典提到，對上師做真實或意想的供養，奉獻音樂、寶劍、莊嚴、子女、母姊、國家或領土等，勝過對千佛供養千劫。龍欽巴尊者說，特別在灌頂日如此供養的話，更為殊勝。

供養上師的利益無窮盡。由於上師是福德與智慧兩者的泉源，因此這是積聚福德最殊勝的方法。藉由供養上師的福德，你更能思惟究竟真理，而且對它產生更多的渴望。通常，人們只渴望上師對自己的長壽或世間的成就給予加持，但上師最精要的加持，是讓我們更有能力普遍地了解佛法，更有能力領悟業果與空性等艱難的教法，也更有能力去理解那些不可理解、去表達那些不可表達的教法。

性做為供養

在密續經典中，沒有任何一句偈頌提到弟子對上師應該供養的是黃金，而不應該是性。相同的，也沒有提到你應該供養的是番茄，而不應該是洋蔥。

以性這麼親密的行為做供養，這種修持的價值完全依個人而定。如果你無法接受一個色眼瞇瞇而且輕佻聞名的上師，那麼你就不要靠近他，不然，你就裹上毛毯或穿上蓬鬆的衣服。我這種建議會令人聯想到男人怪罪受害者的態度總是：「噢！那個女生不應該穿迷你裙——她這樣穿當然會被侵犯！」但是不幸的，世界上很多地方，特別是亞洲，輕薄的穿著常被理解為公開的邀請。這種因緣邏輯需要加以改變，而且絕對有可能。我們反觀巴西，在那裡，單薄的穿著不只會被接受，而且還

什麼可以拿來供養？從一小片水果，一直到你肩上的頭，一切都可以。

是被預期的。然而在目前，如果你不希望某些事情發生，你就應該試圖避免某些狀況出現。我常懷疑，石器時代的人們到底如何激起性慾。

當然，印度是一個令人大惑不解的地方，它擁有文化，對道德、規範、慈悲又有千年的論述，但是，即使那些嚴厲控訴強姦犯行的人，還是會懷疑受害者是否咎由自取。他們心中深處會想：「她不應該穿那種衣服！」我不知道其他地方的文化如何看待此事，但一般而言，性壓抑在亞洲相當普遍，特別在中東、印度與西藏的某些地區。因此，很有可能這些人都覺得西方女子很隨便。最不能令人接受的是，當他們與西方女子談話時，對自己族群的女性所表達的尊敬就都消失了。電視上的比基尼裝不僅沒有幫助，還更加推波助瀾地確認他們的想法。是的，原則上，這種想法完全錯誤。但事實是，尋道者通常都會在亞洲尋找上師，而這些地方的主流思想確是如此。因此，如果你不希望這位喇嘛在即將性高潮時直瞪著你的話，毛茸茸的毯子是可以派上用場的。

不過，如果你想要跟這位喇嘛學點東西，而且你也在測試他的話，那麼你儘管穿著整套「維多利亞的秘密」性感內衣去見他。或者，如果你習慣用放蕩的方式來表達自己的個性，那麼你就穿著輕薄的衣服去參加法會吧。但是如果你不希望上師瞪著你看或觸摸你，你可以事先跟他說，這只是你的自我表現，完全無關挑逗。當你在不同的文化中交流時，清楚的溝通是很重要的。

©Patty Carroll

前往印度時要如何穿著：穿的如木乃伊一般。

三昧耶：維繫、毀壞、修護

你的上師需要節食

從嚴格的密乘觀點而言，如果你將上師視為有體重、有身高的人類，你就毀壞了好幾種三昧耶戒，特別是你還具有批判性，例如認為一百公斤實在太重了，上師應該開始節食。甚至如果你認為上師被性別所限，那也毀壞了三昧耶。如果你很在乎三昧耶的毀壞，那就代表你已經到了成為好修行人的階段了。在開始時，假裝具有淨觀可能有所幫助，它可以做為自己修心的方法，也可以啟發他人。

當上師示現出人類的特質與弱點時，老練而精明的弟子會想：這都是上師無盡慈悲的徵兆；他們會因此而積聚福德。但是，對於無法如此調整態度的我們，對於會打噴嚏、會咳嗽、會睏的上師，至少會有人類的好感。

最終，我們的目標是對一切現象——無論是桌子、羽毛、山嶽或情人——都視為心的詮釋，因此也都視為我們獨特感知的詮釋。但是，如果我們需要對每個人都逐一轉化自己的感知來視他們為佛，這種過程太耗時也太複雜。因此，針對一位與我們有特別緣的人來修持淨觀，是金剛乘教導的方法。因為上師為弟子指出證悟之道而受敬重，所以我們可以從他開始下功夫。不論上師如何示現，無論是好是壞，

©Shamus Clisset

障礙

從密續、經典及釋論中，我們知道邪惡的障礙之主魔羅，派遣出他最大的障礙來干擾上師－弟子的關係。上師虔敬是摧毀我執最有力的法道，因此魔羅在上師－弟子之間的障礙也一定相對地強大。弟子應該對這種障難加以警覺，而且要學習如何智取，如何殘酷，當它們出現時，如何不去理會。不讓魔羅騷擾你。

我們可以開始習慣「這都是我自己獨特的感知」這種想法。我們也可以逐漸將其他現象融入修持，以此對自己的感知建立信心。

這也是為什麼對上師的虔敬以及培養淨觀對我們如此有益的原因。藉由這種修行，有所收獲的人是我們。

所以，首先我們訓練自己接受：一切所遭遇的情況，都是自己感知的產物。逐漸地，我們將一切現象包含進來。最終，我們證得非二元的感知。藉由這種習慣的培養，虔敬心的大門就會為你打開百分之九十。

灌頂與三昧耶

灌頂是金剛乘特有的法門。究竟上，灌頂是一種引介或一種揭露。如果你患了失憶症，有個人前來告訴你：你是誰，你的角色是什麼，你擁有什麼東西；那麼，這個人是否值得信任？訊息是否正確？就非常重要。接受這些訊息好比領受灌頂，而信使就是上師。因此，上師是否清楚他在做什麼是很重要的。

長久下來，「灌頂」已經變成「加持」的同義字了。灌頂包含加持，但其核心的目的是去除導致我們無法認識自性的遮障。

遮障的種類很多。為了簡單起見，我們將它分為三種：身遮障、語遮障以及意遮障。有趣的是，這三者也被稱為「三門」。在金剛乘中，這三者稱為不可摧壞的金剛：也就是金剛身、金剛語及金剛意，它們代表身、語、意的究竟實相，是我們需要去揭露、去發現的。

對於那些能夠掌握菩提心，受過修心的基礎訓練，相當了解緣起的弟子，以及對密乘之道具有信心，對上師虔誠的弟子，上師會在適當的時間及地點給予他們灌頂。

密續分為許多不同的層次。在比較普通的密續中，灌頂的方式比較一般。而在阿努瑜伽（Anu Yoga）②密續中，就有更深奧層次的灌頂。三種較高的灌頂，也就是我們所稱的秘密灌頂、智慧灌頂、字句灌頂這三者，可以淨化脈與明點的蔽障。

在阿努瑜伽密續中，上師會選擇在適當的時間與狀況下，將色、受、想、行、識這五蘊，不以其一般的意義，而以五方佛族來引介給弟子。如果因緣具足，上師在灌頂的過程中，會將弟子的意識、身體、感受等，成就為不動佛、阿彌陀佛、寶生佛、毘盧遮那佛與不空成就佛的事業。為此，上師可能會運用寶瓶、頂冠、金剛杵與鈴等法器。

在此末法時期，灌頂的理論與邏輯幾乎很難讓人們理解。但這跟告知一個鄉下人如何在他的新手機中插入 SIM 卡、如何充電、如何撥打電話等有點類似。教導做這些事的人，只不過是將鄉下人已經擁有的東西的功能揭露給他而已。

對我們多數人而言，很難想像汽車的喇叭聲或警車的警笛聲就是咒語。但是，經由上師恰當的引導，如果因緣具足的話，上師可以讓弟子聽見一切聲音都是咒語。

第四灌是最重要的灌頂，它有很多名稱與標籤。然而，雖然這是極為深奧的法門，一般人卻對它不經意，把它當成內褲一般看待。他們會問別人：「你有沒有獲得『指出心性』的指導？」似乎這種教法隨處可得一般。

我們通常稱第四灌為智慧灌頂。在此處，上師會引介「當下心」就是佛。所謂當下心，它非過去，非未來，而是當下的明覺。上師可以在任何時間給予弟子第四灌，次數不拘。它不一定在上師坐於法座上，香火裊繞、鼓鈸爭鳴的時刻才會發生；它可能在你跟上師在廁所中並排小便時發生。上師會選擇確切的時間與地點，然後做一件事，讓你染污念頭的火車當下出軌。

如果灌頂給予的恰當，也被接受的恰當，弟子的感知就會產生永遠的轉移。當這種狀況發生時，灌頂就被領受到了。

②阿努瑜伽（Anu Yoga）：或稱無比瑜伽。

如果弟子的根器高，那麼在他接受第四灌之後，並無三昧耶需要持守。因為根器高的弟子在接受第四灌之後，就已達成其目標。但我們多數人都尚未達到這種程度，所以我們渴望、讚美與信任法道。我們雖然在智識上理解，但還是不斷地跌落於舊有的習氣之中；所以從接受灌頂的那一刻起，就要維持對三昧耶清楚的覺知。三昧耶像是警鈴或安全扶手，它是規範我們的紀律。所有這些，都是上師非常重要的原因。

完全沒有其他的法道，能夠提供這些工具。

接受灌頂

那洛巴強烈建議導師，特別在弟子即將領受灌頂之前，要一而再、再而三地詢問：「你能持守三昧耶嗎？」這個問題在所有的灌頂法本中都有，但由於現在灌頂已經變得非常儀式化了，因此不幸地，這麼重要的部分就常被草率地讀過去。

在古代，修行者並不會接受許多灌頂；也許一生只有一次而已，而且他們可能花上好幾年才接受完整的灌頂。他們首先皈依，過了幾年再接受菩薩戒，然後再過幾年後，上師問：「你真的能持守三昧耶嗎？」直到此時，他們才接受第一個灌頂，可能就是寶瓶灌。之後，他們還要等待很久之後，才會得到其他的灌頂。但現在人們不只沒有耐心，而且還想要得到更多的灌頂。在這種狀況下，就不可執行這種長期灌頂的方式了。

從前，有個小王子被指定要繼承王位。有一天侍者帶他去市集玩，市集中人很多，他轉錯了一個彎，就從此找不到回家的路。過了許多年，他成了一名乞丐，靠著偷竊、打獵、釣魚維生。又過了幾年，他遇見一個女人，跟她生子成家。歲月悠悠，他完全忘了以前的身分。然而，宮廷一直沒放棄努力，一直在尋找他。終於有一天，他在菜市場中被認出來，於是他被帶到大臣面前。他們告訴他，他就是王子，他的父王已經逝世，所以要他繼承王位。

這就是灌頂時所發生的事。大臣並不是將王室血脈轉移給王子，血脈早就存在。但是沒有大臣，他就無法知道自己的皇室血源。他需要有個人來指出他可以繼承王位。

幫助我們了解真相的方法

追隨心靈之道的目的，是要證得真理。除非我們理解真理，否則就會一直被欺瞞，相信一切幻相為真實。這種相信就叫做迷惑。迷惑製造情緒，情緒滋養無盡的業及業果。這個循環就是所謂的輪迴。

任何能夠幫助我們了解實相的都是我們的法門。行為規範就是法門。佛法的行為規範是根據見地而來的。像「比丘應該剃頭削髮」這種狀似儀式或文化性的規範，並非由於佛陀對頭髮過敏而來。當一位比丘發心要證得實相，決心領受兩百五十種戒律時，剃髮就成為其中的法門之一。為了要對治虛榮心以及對身體的貪著，他可以藉由禪定、閱讀、思惟等方式來培養，也可以經由實踐身體上的規範與限制，例如剃髮或穿著特殊顏色的僧袍來達成。

不要說是美是醜，即使只思惟你是男人或女人，就已經破毀了金剛乘三昧耶。認為你的五蘊是平凡的，就是違犯了金剛乘三昧耶。看見瑞士琉森（Lucerne）這個城鎮，認為它比北京更清淨、更美麗，這也破壞了三昧耶。

見一切事物都純淨而無量，是密乘行者的唯一目標。要注意的是，金剛乘「一切皆純淨」的意義，並非指一切就像高山的空氣與湖泊，或者像游泳池與蓮花池。這些都與純淨無關。持有任何二元分別的想法，都不純淨，也都毀壞了三昧耶。

完好地持守三昧耶幾乎是不可能的，尤其對初學的金剛乘行者更是如此。但是，你也不可能先學會所有三昧耶相關的細節，再去完整地持守它，然後才開始金剛乘的修行。這種狀況不存在，因為完美的持守三昧耶，等於就已經圓滿了法道。

因為上師之道是金剛乘最重要的特色，因此違犯上師的三昧耶也就成為很重大的毀戒。如前所述，根據你的發心與根器，違犯也有很多不同的等級。與上師在小事上有不同的意見，例如爭論湯姆．克魯斯（Tom Cruise）英不英俊，這沒有什麼關係。當然，情境狀態也是重要的因子。如果你在某個狀況下──比如正在修持生起次第時，你理應思惟一切眾生皆貌美，一切眾生皆本尊，這時，突然湯姆．克魯斯走了進來，那麼，你也必須視他為聖者才行。

維繫三昧耶

由於這種見地，維繫三昧耶可以非常複雜，也可以非常單純，因為它終究就是要對上師具有淨觀。但是不論是繁複的或是實質的，有些方法可以幫助你維繫三昧耶，例如依照你灌頂時所下的許諾去唸誦儀軌或咒語。這些許諾有可能變得相當繁複。你也可以每天或在特定的日子向勇父及空行做薈供，或者在旅行時攜帶鈴杵及顱器等密乘法器。但所有這些都可以濃縮成一個法門，那就是：對上師具足淨觀。

破毀三昧耶

密乘修行的初學者需注意：你無法不破毀三昧耶，但是，並非每個破戒都會導致所謂的「金剛地獄」。金剛乘圈內人必須謹慎，不應該隨便說：「如果你懷疑上

©David Pike

聲聞乘的戒律如陶罐，一旦破毀了，要修護它就非常困難。大乘與金剛乘的戒律如金子做的瓶罐，即使有所破損，經由熟練金匠的細心處理，可以將它修護得比原來的更好。

師，你就會下金剛地獄。」

要下金剛地獄沒那麼容易。如果你做的事規模不大，就不可能犯下大錯。如果你造火箭要上月球，那麼你獲得榮耀的可能性就會相當於遭受災難的可能性。但如果你在尋找鄰近的7－11而轉錯了一個彎，那不會成為你一生中最大的災難。但這並不表示你不應該以月球做為目標。對弟子而言，真正的錯誤是瞄準得不夠高。具有潛能的弟子卻不去追求金剛乘法道是一大損失。

要能去到金剛地獄，你首先必須真正地皈依佛、法、僧才行。除此之外，你還必須受過菩薩戒以及金剛乘灌頂。如果你已進入金剛乘壇城，而後你去詆毀法道及上師，說他們都是虛假、巫教或是受文化所限的民俗宗教，那你就確定會進入金剛地獄。諷刺的是，如果你已到了能夠進入金剛地獄的地步，你必須已經相當深入金剛乘。往下的重力與證量恰成正比；你愈有能力，就愈可能犯錯。如果你明知不應破毀三昧耶，卻還選擇去違犯它，那你最好特別小心。

如果你只是無知的話，不會下金剛地獄。大部分參加灌頂的人就只是前來，喝些藏紅花水，吃些甜的麵製品而已。他們只坐在那兒聽，並不會接受到灌頂。否則，我們要為那些鳥兒、狗兒感到悲傷，因為牠們只是碰巧在帳篷內走動，未經請求就受了灌頂，又會即刻破壞三昧耶而直下金剛地獄！

金剛地獄是一個深奧的概念。它不必然是一個由面目可憎的獄卒所包圍，而你在其間被熔漿焚燒的地方。金剛地獄可以是一個處所，在該處你變得非常執著於業力的邏輯而無法自拔，或被理性糾纏到無法超脫。在金剛地獄中，由於你非常固執又極端的理性，因此永遠無法了解我們說大便與食物是「一味」的深奧意義。若是你破毀了很嚴重的三昧耶戒律，下一輩子就可能會有無法信任宏大見地的習性。你會成為那種看到煮好的烘蛋才認為它是烘蛋的人。從金剛乘的觀點而言，這種狀況比在地獄中被焚燒還糟。這種對法門沒有信心的強大習性，是你極大的損失。

修護三昧耶

雖然在金剛乘中，破毀三昧耶聽起來非常嚴重而且無救，但是深奧的金剛乘法道有很多方法可以修護各種不同的破戒，其中，供養自己的身體被認為是最佳的方式。因此在密續中有許多這類的供養修持，例如古薩里法（kusali）或薈供等。當然，我們也可以藉由唸誦百字明來修護三昧耶。

頂果欽哲仁波切曾說：

「如果你後悔自己違背了上師或令上師不歡喜，很重要的是要供養自己的身體，無論是實際上的，或用觀想的——例如，將你的頭顱切下，放入你的內臟與四肢，並將它們轉為甘露，然後供養給上師。」

對破毀三昧耶者的處理

金剛乘經典說，如果一個金剛乘弟子破毀了他與上師的三昧耶，那麼其他的弟子就不應該再與他交往。事實上，你跟他都不能共處一室。

這個原則卻被某些上師與佛法修行者所濫用。有些上師以此當作要脅，恫嚇弟子如果破毀三昧耶，就會阻礙上師的長壽。任何稍具仁慈心的金剛乘上師都不會用這麼露骨的方式去勒索弟子。同時，其他法友也讓這位弟子的日子很難過，這些都完全不符合佛教的精神，更不用說金剛乘。做為佛陀的追隨者，我們應該以慈悲擁抱一切眾生，特別是對違犯三昧耶者。

然而，如果有人故意破毀三昧耶，他就不適合再留在壇城之中。他就不應該與其他弟子一起參加薈供或灌頂，而且其他法友也應避免跟他從事密乘的活動，但他絕不應被鄙視或侮蔑。身為佛陀的追隨者，他們是最值得我們悲心的對象。

衝突

靠火太近

如果你跟上師變得很親近，而且花太多時間在一起，你就有可能會開始挑他的毛病。不論什麼人都一樣，當我們與他人相處太久，就會開始注意到一些自己不喜歡的事情。在《本生經》中說，當我們熟悉了某人或某物之後，就會變得不滿足——這大概就是我們一直尋找新人或新東西的原因。身在遠處的人，通常都比站在身旁的人更讓我們欣賞。

相同的，如果你的英雄離你又遠又親近不到，你的崇拜就會維持得比較長久。但是如果英雄就在身邊，而且常跟你在一起，可能不久就成為你的敵人。因此，佛陀勸誡其弟子，與導師維持關係，最好保持健康的距離：不太遠，也不太近，在地理上、社交上以及情感上都應如此。事實上，這個告誡幾乎可以運用在任何狀況。

保持距離可能會被認為是躲避問題，但在一開始時，這是最好的辦法。一旦經驗老練了，戰士或修行者就會由於遭遇過困難、陷入過挑戰，加上長時間、近距離親近上師的機會，而變得更熟練、更勇敢，也更有成就。

令上師不歡喜

大家都說我們不應該令上師不歡喜，但修行者不應該執著於這種想法：「我不會泡上師喜歡的咖啡」、「我不喜歡上師愛看的電影」或「我討厭看足球比賽」等，好像這些小事就會造成三昧耶的破毀一般。

你在上師的咖啡中放了太多糖是無關緊要的，尤其在初學的程度時。我們關心的是那些對你邁向證悟有負面效果的行為，或是讓你對上師及一切現象的淨觀會產生蔽障的行為；這些行為才會令上師不歡喜。以過於狹隘的心眼進入法道，會讓你分心散亂而延長了在法道上的時間。

同時，因為究竟的目標是帶領弟子證悟，因此上師也不能太在乎可能會讓弟子不開心的芝麻小事，例如給予每個人同樣的關注，參加弟子的生日派對，或坐在弟子放好錦緞的位置上等。

新進的弟子與新進的上師很容易就沉浸在這種芝麻小事上。但是，對於真正的上師，你又很難確定他到底是在專注小事，還是在利用這些小事來做為善巧方便來指導你。

與上師意見相左

我們與上師意見相左時，如何處理？這實在要看狀況以及兩人的關係而定。許多人問，在世俗事務的討論或會議中，例如在腦力激盪或訂定計劃的場合，可否與上師爭辨？假設你的任務是替上師設立一個組織或中心，如果你的動機是為了創造和諧，而且上師也鼓勵你這麼做的話，你把意見說出來不會被認為無禮。一般來說，世俗意見相左不會造成強大的情緒，因此不會牽扯到錯誤的見地。你可能還因為勇於發言或反對某些看法，而積聚了福德。

想像你在一座迷宮裡行走，雖然你知道正確的出路，但上師說是另外一條路才對。如果你為了修持虔敬心而同意他，可能會讓你們多繞好多圈才走出來，或甚至走到死巷中，因而浪費一大堆時間及精力。上師可能因此發脾氣，不僅浪費更多的時間，你也可能挨罵而更加氣餒。在這種狀況下，你也許應該堅持你的方向。但如果導師還是堅持他的看法，那麼你可以培養一種「我沒什麼好損失」的態度。你只會失去一個證明你對的機會。這對你來說重要嗎？用這種方式同意上師，你也能積聚福德。

如果上師站在不丹廷布（Thimphu）山上，指著下面一堆鐵皮屋頂說：「你現在應該有淨觀，這些房子與葡萄牙紅瓦小鎮看起來一樣美麗。」那麼，雖然這些建

©Steph Gillies/sorryimworking

蔣揚．欽哲．秋吉．羅卓說：「你怎麼對待上師——視他為凡人也好，視他為善良慈悲的人也好，視他為阿羅漢也好，或視他為佛陀本人也好——你就會接受到相對應的加持。」

築物比戰火下的敘利亞城鎮好不到哪裡去，你還是應該這麼想，因為他是在給你命令。你至少要祈願，希望你能這麼想。另外，如果你跟上師在印度的某個火車站，這時上師要你觀想火車站就是具足一切莊嚴的無盡壇城，你也應該試著這樣去想。

但是，如果你在西藏寺院中，上師正在建造公共廁所，當他請你幫忙解決一切工程技術上的問題時，也許你就應該了解這不是談論「一味」或「無盡壇城」的時刻。

批評上師

如果你很清楚的知道上師所要的，知道上師所想的，卻還批評他的判斷，這就不好。如果你接受了他的灌頂，視他為上師之後，心裡卻還想：「這個上師是個騙子，他不知道如何引領我到證悟。」這就更糟。

但你如何劃出這條線？說他吃得太鹹，算不算批評？這是為了上師的健康；這種關心即使是批判性的，也不算是破毀三昧耶，不會把你送往金剛地獄。如果你以良善的發心去做，甚至還可能積聚福德。

如果有位弟子說：「我相信上師拍電影一定有他的原因，但我無法了解。我寧願他把相同的能量放在教法與寫書上。」這是帶有某些批評的說法，但要看他的動機是什麼。如果這位弟子真的希望學習佛法，真的想要上師用比較熟悉、比較傳統的方法教導，那麼這種抱怨可能來自真正渴求佛法的人。

你分析過了上師之後，可以跟他直接討論你的任何疑慮。如果你的直覺與理智都告訴你這個關係不會成功，那麼你不必批評上師，但可以跟他詢問、澄清、挑戰甚至談判，或者至少創造一個對話，讓你有機會去除懷疑。

但是一旦接受了灌頂，如果你詆毀上師，或甚至指出上師負面的事實，它就會摧毀你淨觀的種子。密續經典說，即使你累劫以來做過許多福德之事，但你以不善的態度描述上師的話，你就永遠關閉不了墮入下三道之門。換句話說，你就會迷失到遠方，沒有機會見到真諦。

很明顯地，一旦你接納了某人做為金剛乘上師，就應該避免去批評他。如果遇見有人詆毀你的金剛乘上師，你就必須善巧地替他辯護，但拚命地辯護不一定有效，所以你必須柔軟，甚至還似乎同意他們一些不關緊要的事。但是除非你精於此道，否則也可能會有反作用。所以，最好的辦法是乾脆避免與那些人交談。

對上師生起邪見

情緒很難預料，我們又都充滿了驕慢與不安。當我們得不到想要的東西時就會氣餒，然後開始數落上師的不是。我們批評一些小事：例如他打太多哈欠或放屁，接著，我們就開始對任何事都吹毛求疵起來。

我們看到他喜歡的弟子為他四下奔波而感到噁心；我們認為他們都是阿諛的馬屁精，盲目地贊同任何從他嘴巴吐出來的話語。然後我們告訴自己，我們絕對不會像他們那麼容易就輕信他每句話的表面意思，我們藉由這種自我的解釋來撐托自己的驕慢。我們自認是所有弟子中最實在而且勇敢的人，因為我們是極少數與上師意見相左的人，其他人都是偽君子。這些接連不斷的念頭，只會在我們心中生起不悅與厭惡的習氣，由此所引發出來的驕慢，更是只會摧毀自己而已。

當有些弟子感覺被忽視或遺忘時，會對上師開始產生怨懟。他們也許會認為上師只花時間跟一小圈他喜歡的人相處，而把其他人排除在外。這種弟子需要特別留意自己的不安全感、期待與假設。他們必須記住，這些表相很可能是他們自己想像的產物。他們也應該記住，前來找上師的目的是為了要證悟，而不是為了要上師的注意力。

我們大多數人都充滿了過多的蔽障與邪見。當我們的看法及偏見，與上師的希望及行止產生衝突時，就會變成問題。這可能會生起對上師的邪見。

再度地要強調，證悟是上師—弟子關係的主要目的；因此，詢問上師一些微小的問題，或尋求上師認同你所有的價值觀與判斷，都是浪費時間。如果你經常需要肯定上師完全知道你的狀況，它就會變成一種障礙。蔣貢·康楚·羅卓·泰耶曾經引用蔣揚·欽哲·旺波的話，他說：一生中最重要的二件事——生與死——都是無法協商或辯論的；所以，對於這二者之間的所有其他小事，斤斤計較的目的何在？它完全無用。

我們一旦對「心的真實本性就是上師」有所了解，唸誦各種「遙呼上師」祈請文時，就不需要擔心上師是否聽得見。而且，如果心的真實本性就是上師，任何我們可能對上師所產生的邪見，也會影響自己的心。唯一損失的，只有自己。

如同佛陀在《諸法無生經》中說，在所有可能的蔽障中，最微細也最強大的，就是業障。想要避免被業障染污的人，應該避免批評別人，而要隨喜他人，並如此思惟：「我永遠無法了解他人的心，因此也無法了解他們的行為。」

退離上師

在某些狀況下，修行者會發現，無論如何嘗試也無法維繫灌頂上師的三昧耶。對這些人來說，從這位金剛乘上師處退離是個選擇。他可以用優雅而適切的方式處理，禮貌地向上師宣告這個關係已經結束，上師就必須准許他離去。如果用這種方式分開，結果就不會太嚴重，緣分還是存在。但是如果他還想繼續修持金剛乘，修護三昧耶是必要的。

在金剛乘中，一切的本質同一，因此，所有的上師也當然本質上同一。但因為道格拉斯是染污的眾生，如果他已經有了偏好，希望退離烏里喇嘛（Lama Ülee）而去追隨貝諾仁波切（Penor Rinpoche）做為上師的話，他可以選擇這麼做。如果他能優雅地退離，還是有機會繼續做為修行人。直到有一天他可能會理解，所有的上師從一開始就是無二無別。但是如果他受了灌頂再退離烏里喇嘛，心想這個人只是一個凡人的話，那麼通往證悟之道的金剛乘種子就被焚毀了。這是一個微細的差別，但因為法道的一切都與心有關，這一項特別重要。

上師的繼承人：當實體上師不在時

在談到細節之前，我必須先清楚地說明下列這一點：當我們說到「繼承人」時，所談的就是人類文化的現象，而非上師原則的修持。嚴格來說，在金剛乘中，上師永遠不死，因此繼承人的概念完全與此無關。但是由於我們基本上都是二元分別的眾生，與上師的關係都建立在實體的限制之下，因此，當上師遠去之後，虔誠的弟子還是對他非常尊敬。雖然身體已經不在，我們還是不踩過他的鞋子。釋迦牟尼佛圓寂了數千年了，我們還是尊崇他。

由於二元分別的思惟之故，當上師圓寂後，弟子都很痛苦。大部分的佛教心靈傳承都有指定繼承人的傳統，通常由大弟子或有成就者來擔當，為弟子和僧團擔起導師的責任。除了繼承人或「攝政」之外，西藏還有轉世「祖古」制度，這就比較複雜，但是我們在此不要為了這個題目而迷失於密林之中。由於本書的主題是有關上師的特質，因此必須提到轉世，但它本身就是一個大題目，需要自成一本書才夠討論。所以，我們不談祖古系統的未來如何這一類的問題，以免失焦。這不是本書的重點。

無論繼承人或轉世祖古，很少有人能反映出與圓寂上師相同的舉止、姿態或外型。我們所談的基本上是兩個不同的人。因此，即使是上師生前指定的繼承者，弟子與他的關係一定有所不同，很難要求他們對另一個人具足相同的信心。

我承認，由於自己的迷惑，對於我的上師——包括頂果欽哲仁波切，第十六世大寶法王，以及尊貴的敦珠仁波切——我在他們的轉世祖古身上，無法以相同的方式看到生前的他們。我所能做的，只是試圖將十六世大寶法王的神韻投射在他的揚希（yangsi）身上。同樣的，我可以將前任敦珠的優雅，或頂果欽哲仁波切廣涵一切的功德，投射在欽哲揚希身上。但是我無法感覺得到。對於前世敦珠，只要他咳個嗽，我都會發抖；現任敦珠揚希以他最大的音量嘶喊，我的眼皮一下也不眨。以前，我進到十六世大寶法王的住所前，都會一絲不苟地檢視我的衣著是否恰當；現在，我只假裝在乎而已。小時候，我去見敦珠仁波切時，如果背包裡有本漫畫書，我都會感覺到他X光似的眼神；但現在，我帶著比那更糟的東西在背包裡走動，一點也不擔心。

然而，如果上師清楚地指明某人繼承，那麼追隨那位繼承人就是他的最高命令，你必須遵守上師的指示。隨著心靈之道的結構與支持逐漸弱化，要維繫對繼承人的虔敬心與淨觀，會愈來愈受到挑戰。

在繼承人或轉世祖古的身上，經常都背負了難以勝任的期望，如果又缺乏謙遜的美德以及對佛法與有情眾生真正的關心，他們就會有強烈的不安全感。這種不安全感又會造成他們的驕慢。他們可能會趕走年長者，冷凍上一世喇嘛的侍從，策劃自己的新風格，並且培養出一群不敢也不知如何批評的新馬屁精。配上行銷手段，這些上師可能還增長信眾，讓人以為事業蒸蒸日上，但他們對珍貴的傳承與繼承的遺產並沒有長遠的幫助，只是創造出一個新的現象而已。他們已經不再是繼承人了。

這些都是相當新的現象。在古代的西藏或不丹，有自然的護持系統來保存傳承。雖然有腐敗與管理不善的狀況，但是整個地區都受佛法研修的強大影響；由於這種聽聞、思惟與獨立思考的風氣，因此修行者、傳承持有者以及其他相關人士就比較不容易亂來。但今天，狀況就不太相同。

在我小的時候，轉世祖古在弟子之中所占的比率比現在少很多，因為那時候大家不敢隨意認證祖古。大家的眼睛都看著，耳朵都聽著，消息也傳遞的很快，因此沒有人亂來。他們不會去翻閱親戚的人名簿，看看有沒有人正好適合當祖古。這好像在牛津大學教導莎士比亞：因為學生們都在詩詞中長大，都能背誦詩句，因此你就必須更努力去教好一點。在過去的西藏和不丹，有這種自然的自我規範與社會的檢視過程，現在卻逐漸消失中。個人主義方興未已。

另外有個因素影響了繼承人的選擇。近年來，在中國與西方湧現了許多新的佛教徒或對佛教有興趣的人。人多分量重，這些弟子的影響力相當巨大。但許多這些新人欠缺某種分辨的能力，因此他們雖然知道的有限，卻都是熱切的追隨者，加上相對富裕之故，他們都成了大施主。他們喜歡名氣大、傳承大的概念，因而傾向擁戴在他們面前最明顯的對象。錢能說話：他們以粗劣的方式認證，而喇嘛、家人以及寺院因而得到好處。這對轉世祖古的系統有極大的衝擊。

另一個選擇繼承人的問題是，他們的價值愈來愈取決於行政能力，也就是經營寺院或組織的能力，而不是做為承繼心靈傳承者的資格。整個上師制度的目的，就是要提倡心靈之道。當釋迦牟尼佛指定大迦葉做為攝政時，他並不是在尋找有管理能力的人；他在尋找的是能延續傳承的偉大導師。今天，因為繼承人的選擇是以其管理技能而定，偉大的管理者因而接替了這個位置。

但是話說回來，有個管理者可能比讓整個上師壇城被上師過分熱心的親戚、叔姪、兄弟、姊妹、太太們綁架，還來的好。

尊貴的敦珠仁波切所給的忠告

若不避免一切惡行，你就會破毀戒律。
若不幫助他人，你就不是菩薩。
若不維持淨觀，你就不是密乘行者。

若是一直迷惑，你就不是瑜伽士。
若是持有偏見，你就沒有見地。
若是專注一物，你就不在禪定。
你若是偽君子，就不會有「善行」。
你若有期望，就不會有結果。
有信心的人，就有皈依。
感受到悲心的人，就有證悟之心。
培養智慧的人，會達到了悟。
具足虔敬心的人，會得到加持。
具有羞恥心的人，能夠關心自己之外的人或事。
具有這種關心的人，就能持守他們的誓言。
能持守誓言的人，就能證得成就。
顯現出謙遜的人，會有富足的聽聞與思惟的能力。
顯現出不帶情緒的人，一定做了很多禪定的修持。
能夠與所遇的每個人都和諧相處，而且在任何狀況下都不覺得無聊或惱怒的人，已經開始成為真正的佛法修行者。
佛法的根源是心。如果你能調伏自心，你就是佛法修行者；一旦你已調伏自心，你就解脫了。

虔敬心就是覺知

也許你會以為，必須先具足虔敬心才能了解見地，似乎是虔敬心「啟動」了佛法的修行。但是，特別是金剛乘，當你在修持上愈深入，虔敬心與虔敬的對象之間，差別就變得很小。當你在修行上更加熟練，你會更知道虔敬心就是覺知無常，虔敬心就是出離心，虔敬心就是對一切有情眾生的悲心，虔敬心與緣起的經驗無二無別。最重要的，你有虔敬心的那一剎那，你就具有見地，而對空性的覺知也就現前。

©Graham Caldwell

上師如明鏡

蔣揚．欽哲．秋吉．羅卓曾說：「根本上師是我們心的本性的展現，不只在今生，而且歷經我們所有的過去世。有時他純淨地顯現在外，而有時卻又顯現為不純淨。直接或間接地，他所做的一切就是為了利益我們。在此生，由於福德之故，他化現為上師，一位心靈伴侶。」

©Pavel Büchler

如白晝的星星一般稀少

尊貴的頂果欽哲仁波切說：「一如無知的小孩渴望學會偉大君王的戰略，即使我們尚未準備好，許多人也都想追逐究竟的教法。然而，得到這些教法之後，真正付諸修行的人，卻像白晝的星星一般稀少。」

4 精明地調服自心

在尋覓上師、找到上師、與上師結緣的過程中，你的心會被調服。在一開始，雖然你也許還不能完全利用上師，也就是說，你還不能視上師為一面鏡子，或你不能直視那面鏡子而見到自己純淨圓滿的心的本性，但是你可以開始從上師的出現而有所收穫。這些包括：尋覓卻怕找不到的苦惱；反覆的左思右想；脆弱又無法抗拒的感覺；幾乎想要退縮卻又一頭栽進去的狀況，以及由於上師虔敬所帶來的種種忐忑不安……等。能夠耐得住所有這些，就是最上等的修心修持。因為你沒有安全舒適的坐墊，也沒有預先排好的課程，因此，尋找上師一天的修心，比起修持九天的內觀靜坐還要多。

你可能是考慮過時間所剩無幾，或是因為看到「三大阿僧祇劫」等字眼而感到希望渺茫，或是被「在此生、此身中證悟」所鼓舞，或是因為不需要拋棄基本舒適（像是你的家或朋友）的概念吸引了你，因此你選擇了密乘法道。

證悟之所以需要花費很久的時間，是由於強大而如幻的我執習性之故。在金剛乘中，你有意地找到一個人來摧毀這個習氣。這與阿底峽尊者身邊帶著令他厭煩的

「上師所有的竅訣教授中，最珍貴的是擊中你的缺點的那個教法。」——龍欽巴

©Ryan Kitson

有人說藉由修行，你可以達到上師一樣的等級。事實並非如此。你並非被晉升到某個級數，而是你與上師合一不二。

印度人作伴旅行以便修持安忍不同，我們所談的是更極端的事。我們談的是將你所有與我執相關的習氣，剝開其層層表皮；是毫不留情對待自我；是不計成本、不擇手段，並且有系統的把我執迅速的摧毀。從尋覓上師到結緣的整個過程，如果不能摧毀我執的血脈或讓它窒息，至少也應該調服了你的心。

對於金剛乘中「見上師化現一如佛陀化現」的這個策略，弟子們應該要有深刻的理解。它是破解並拔除我執的方法。當然，在世俗的眼光中，可能會以為你有某種自我虐待的共存嗜癖（codependency）傾向，但是無論是自我虐待或共存嗜癖，都是相信「我」或「自我」必須被療癒。然而，在上師瑜伽修行中，究竟的目標卻是要將自我如紙牌屋一般地加以解構。

弟子在心理上要準備被驚嚇。事實上，他們應該歡迎重複的驚嚇，因為除非隱匿深藏的假設與期待被顛覆出軌，否則它們會變得更強、更胖、更黏、更舒適，而且更不可捉摸。

感恩

在上師虔敬之道上，調伏自心最精明的方式就是生起感恩之心。即使在大乘中，感恩之心也是基本的。根據大乘佛教，對於引介般若波羅蜜多經文給你的人，你應視為佛陀本人，因為非二元的真諦是如此的珍貴。想想，我們應該多麼崇敬引介密乘內在智慧給我們的人，他們繞過邏輯與類比，直接指出我們本具的智慧。

為了成為木匠或證券交易員維生，你必須接受訓練。如果師父把行業的規矩與其成功之道都慈悲地教導給你，你當然會很感激。在世俗事務上這種感激都會自然地流露，那麼對於賜給我們竅訣教授，教導我們如何從迷惑之網解脫的上師，更會自然地生起感恩之心。

千佛已經來過或即將到來，但我們未曾與他們有過直接的接觸。由於我們福德的力量，或因缺乏福德之故，當佛陀在世時我們並未在此；我們也無法確定未來佛到來的時候，我們會不會在此。即使佛陀今天就站在面前，我們又有多少把握能夠跟他溝通？經典中說，諸佛與菩薩在各處示現，因此我們一定跟他們有過某種接觸，但是由於業力的關係，我們看不出來他們就是諸佛或菩薩。

對比起來，現今的上師在此時來到面前，而且以能夠溝通的方式與我們相互作用、說話並連繫。經由無法理解的業緣，你對此人有某種特殊的感覺與尊崇。上師以無數的方式，試圖告訴你什麼是善，什麼是惡，什麼是究竟，什麼是相對，什麼是你自心的真實本性；因此，在你的能力範圍內，面前的上師就是佛。如果鏡子只有一部分乾淨，那麼就只有一部分會反射出來，不過，那已經是相當難得了。我們應該心生感恩。

二元分別

佛法的精要是正念。如果我們與上師結緣的發心與態度正確，他對我們就會是無常、三寶、因果等最好的提醒。如果你知道如何恰當地與上師相處，而不只是言語上的，那麼你會開始對他的身影、聲音或現前有更透徹的了解。這種關連比起剃髮、坐直或專注呼吸還更能喚醒你。

共修團體（sangha）的主要目的是做為伙伴，護持我們走向正確的見地與正確的態度。以正確的發心與態度做為基礎，具格上師是最好的共修對象。

本尊是究竟的淨觀。「淨觀」的意義，不被對錯、好壞、二臂或四臂、男性或女性所限。同樣的，以正確的發心及理解與上師相處，是超越所有這些二元分別最快速的方法。因此，上師是究竟的本尊、空行、護法。上師是不分心散亂的法道之精要。我們的目標是不被過去的經驗分心，不追求未來的現象，也不被期待與恐懼所分心，而完全純然在當下。同樣的，這只需藉由憶念上師就可達成。因此，上師也是空行，也是護法。

總之，要從二元分別的範疇轉化到非二元的範疇相當困難，因為其間沒有共通點，沒有電車通行，兩者毫無關連，也完全沒有連繫。因此，我們在二元分別範疇的人，如果想要抵達非二元，也只能用二元分別的方法。

佛教法道之所以特別，就是它雖然看起來二元，但卻有能力讓你從二元的束縛中解脫出來。它是一個明知而故意打的結，經由明知而故意的設計，來讓自己從中解開這個結。佛法中所有的善巧方便法門，都類似為了要取出手中的刺所用的另一支刺。修持出離心、慈悲心、唸誦咒語、關照呼吸等的目的，都是為了要剷除二元分別。這些修持能拆解二元分別的迷陣。它們使用二元的語言，卻含有非二元的味道。比如說，慈悲心絕對是二元分別的，但如果你努力投入，它會引領你到非二元。

在所有這些表面上看起來二元，卻指向非二元方向的善巧方便中，上師瑜伽最上乘。在金剛乘之中，對上師的虔敬比修持慈悲心還要實際，它很具體。在最後，完全沒有任何所謂的二元或非二元。

心中牢記所有這些重點，我們對上師生起感恩之心，對密乘之道培養出珍惜之心。

輪迴

想像有個手工精美的盒子，當它關閉起來時，盒蓋與盒身完全密不可分。它看起來像是一塊製作精美的木頭，完全不像盒子，也看不出可以打開的任何痕跡。這個盒子與輪迴的生命極為相似。日復一日，年復一年，一輩子又一輩子，輪迴被我執這個工藝大師精密地製造出來，因此從來沒有人想過它可以被打開。但是，如果我們暫停下來，仔細端詳我們對世界的版本，可能就會發現它有些裂縫；但大部分的時候，這種想法不會進入我們的腦袋裡。

假設在某個機會下，盒子出現了細微的裂縫，而且有人想辦法把盒子打開了一點點，那麼整個輪迴系統就會受到干擾。一切事物都與以前不再相同，而且完成這項壯舉的人，就更接近證悟。當然，你還是卡在一個局部打開的盒子中，但它的作用就不會那麼全然神秘了。

如果你具足福德、虔敬心與淨觀的話，在任何時間、任何地點、由最莫名其妙的狀況所引發的各種無可言喻的事情，終於會打開那個盒子。通常開箱是由上師的一句話、一個動作，或可能只是一張紙條而啟動。

安住在上師中

如果你檢視密乘的上師瑜伽，並注意其所有細節，你會發現最重要的部分就是灌頂，而灌頂最重要的部分，在於最後的融入。上師不會一直獨立於你之外，從外面監視你，批評你，或像超人一般地糾正你。我們用「融入」這個詞，是因為我們二元傾向的心，喜歡融合的概念。但「合而為一」（merging）是比較好的詞，就像瓶子打破了，瓶內的空間與瓶外的空間因而合一不二。

「瑜伽」這個詞有許多不同的意義，它像是修持，我們幾乎可以說「我每天的星巴克瑜伽」或「我的淋浴瑜伽」。它指的是你從事的一種紀律、一種法門、一種方法。因此在密續中，你會聽到許多不同的瑜伽：像是睡瑜伽、夢瑜伽、醒瑜伽、食瑜伽、座下瑜伽等。

我們也在上師瑜伽的修持中用這個詞語。但我們一說「上師瑜伽」，很遺憾地它就代表某種儀軌或某個法本，總是從皈依與生起菩提心開始，然後觀想上師在你的頭頂或心間，根據你所用的儀軌而有所不同。這不是不正確，但另一種對上師瑜伽更有幫助的想法，是如是思惟：

安住在上師中

安住在上師的精神中
安就在上師的氛圍中
安住在上師的神韻中
安受在上師的心情中
安住在上師的光輝中
安住在上師的國度中
安住在上師的世界中
安住在上師的宇宙中
安住在憶念上師之中

這就是藏語 thukyid chikdre 的意思。thuk 是尊稱上師的心，yid 是你的心，chik 是「一」，而 dre 是「合」。這是上師瑜伽修持的精要中之精要。整個重點就是要成就與上師的心合而為一。當弟子成熟了，他就會開始了解上師不被性別、國籍或歷史所侷限。事實上，任何所見、所聞、所嚐、所感，都是上師的顯現，因此，到了一個時候，沒有一吋不是上師，沒有一刻不是上師，到那時，你就證得了非二元的現象。

要了解上述這些內容，智識上的探討幫助不大。你必須付諸修行，才能開始理解一套不同的邏輯。目前，你沒有這套邏輯。對我們這種染污眾生而言，要培養它的話，向上師祈請、懇求及禱告是非常必要的。

向上師祈請

向上師祈請不見得是要唸誦咒語，或朗讀某人寫的祈請文；真正的祈請，在相對的層次上，就是憶念上師——憶念他的身形、名號、事業、顏色、造形，甚至他的舉止。

如果你有很久的一段時間都忘了向上師祈請，他不會抱怨你所供養的祈請文太少。但你憶念起上師的那一剎那，他就出現在面前；他的悲心就現前，他的加持也就現前。想到上師就在面前，來自於對上師的憶念。憶念，就是上師現前。

我們可以向上師祈請一些世俗的事，例如長壽、富裕、健康，或者盧安達性感壯漢的出現。祈請的主要目的是要有慈悲心、菩提心與出離心，並且去體會向上師祈請的熱切與歡喜，因而讓我們生起虔敬心。我們祈請，希望能了解非二元的意義，並且以實現上師與弟子的合一不二做為開始。

為此，我們以各種旋律大聲唸誦祈請文是很有用的，它可以穿透你不淨觀的頑固外殼。

觀想上師

吉美．林巴說，觀想上師於頭頂，可以創造出接受上師加持的「有利的緣起」（藏語：tendrel）；對初學者來說，這是好的方法。而觀想上師在你心間，會讓智慧熾燃；對於已經不再是初學的人，應該以此做為精要的修持。

五方佛族

在密乘中，我們所尋求的不只是導師或嚮導，而是類似一個靈魂伴侶，一個在深奧層次上的連繫。

每個人的個性與他的構成、身體以及微細元素的組成都有關係，這在密乘法道上更為明顯。在金剛乘中有所謂的五方佛族：也就是金剛、寶生、蓮花、事業及佛部，每個眾生都以其中的一種或多種佛族做為其主要的歸屬，每一佛族以不同的方式顯現。這並非神秘的概念，它實際存在於你的系統之中。

金剛族是平息，寶生族是豐盛與增長，蓮花族是懷愛，事業族是堅定而強大，而佛族是廣袤與包容。你的主要族別也會反映在世俗層次上：例如你的心情與生活方式；它也會反映在表相上：例如你的樣貌、你對衣著與音樂的喜好等。而在內在

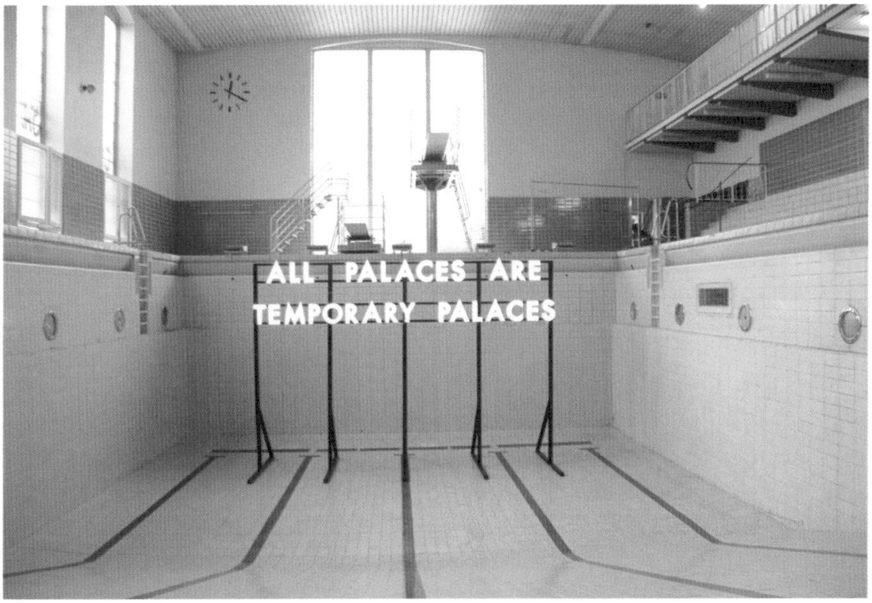

©Robert Montgomery

「只要有『心』，法道就無有終止。當『心』不再，就再無教法，也無法道中人。因此，只要有『心』，就會有上師。」——《楞伽經》

的層次上，它會影響你的情緒，例如有些人熱情洋溢而積極，有些人比較寬廣而放鬆，另外有些人則競爭性強或嫉妒心重。

當然，你的上師也歸屬於一種或多種族別。有些認真的密乘修行者會隱藏教法，隱藏竅訣教授，或根本隱藏修行密乘的事實；甚至在某些狀況下，還會隱藏自己是佛教徒的事實。同樣的，他們也可能隱匿他們所屬的佛族。

在金剛乘中，有「本尊」（yidam）的概念，它與上師的概念幾乎相同。上師瑜伽，也就是成就上師的法門，需要你思惟本尊與上師無二無別。但是談到本尊，我們需要注意某些重點。每個人與不同本尊的緣分多寡，與個人的感官、元素、種姓及佛族都有關係。這決定了我們如何與本尊結緣。

本尊有很多種示現：有男性或女性、一頭或多頭、有佛母或沒有佛母，還有不同的身相顏色。他們各依不同的示現而執行不同的事業，譬如息災、伏誅、懷愛等。他們也各自執持不同的法器，如蓮花、寶輪、寶劍等，有點像商標的作用。所有這些標誌都與不同弟子的心情、元素、構成或偏好相互呼應。有些人比較喜歡拿著註冊商標寶劍的橘文殊，勝過手執白蓮花的白文殊。也有許多人喜歡手捧蓮花的觀世音菩薩。這些象徵物與顏色不只具有引起好奇與興趣的功用而已，它們也可以穿透或觸動個人內在的元素、心情與情緒。

在灌頂時，有時候我們會對著壇城擲花，花落地的方向代表了與個人相關的本尊、元素或事業。但由於所有的本尊在本質上同一無別，初學者不需要花太多時間對此過度思考。

準確地說，上師與弟子有一種元素上的關係，它可以非常明顯。有些上師就比別的上師能讓你在心靈上更加振奮。有時候，你從一千個其他上師聽到的同一句菩提心的開示，從你的上師口中說出來時就別具意義。這是深層的緣分之故。

現在的人很少有必要的耐心與知識，去尋找適合自己佛族的上師與本尊，並與之結緣。有了這種理解，它可以幫助我們知道為何有些關係行得通，而有些行不通。充分了解深層緣分的可能性，可以讓我們擴大尋覓上師的範圍，而且在上師—弟子關係建立之後，也可以做為維繫關係的一種方式。

紐舒．隆托（Nyoshul Lungtok）

十九世紀上師紐舒．隆托花了許多年的功夫努力研習修持，希望證得心的本性，但一直無法達成心願。最後，有一天，有人帶他見了巴楚仁波切，成為他證悟之鑰。巴楚仁波切只說：「你看到天上的星星嗎？」他就辦到了。輪迴為紐舒．隆托完全停止了七天之久，這個經驗強大到讓他不知道如何安處於周遭的世界。他的世界從此變得完全不同。

我們被所有瑣碎的執著糾纏，無法想像紐舒．隆托所經驗的到底是什麼。我們堅持襯衫只能穿在上身而不能穿在腳上，我們也堅持門就是門，要進去廁所就只能經由某個門才行。但對紐舒．隆托而言，所謂的「門」不再只是門，它也是天花板、是一餐飯，或一座山；天花板不只是天花板，也可以是一座樓梯。每一件東西都可以是另一個東西，而每一件東西也就是另一個東西，沒有任何堅實的事物。男人是女人，女人是男人。基本上，他的一切理性世俗系統完全失序，他對形狀、顏色、數字及概念的執著完全消失；從此之後，他具有了教法中所說的「大任運覺受」（experience of great spontaneity）。

「大任運覺受」是大圓滿的詞彙之一，但當今許多喇嘛，特別是年輕一代的，沉醉在「任運」、「無造作」等說法，因而讓整個主題成為一場笑話。我們沒有人真正知道任運自然是什麼，我們想像它可能與無需費力（無勞）有關，但最多也就如此了。由於邏輯限制了我們的感知，因此我們只能用推斷的。我們只能用想像與推理，來揣測遙遠的山脈之後有什麼東西存在：我們可以用已知的山脈做為參考，想像某些樹木及景觀一定在這新的山脈之後，但我們無法親眼見到。

紐舒·隆托的弟子

紐舒·隆托在任運覺受之後，成了一位偉大的上師。他有一位文盲的弟子，根本無法閱讀任何大圓滿的法本。他唯一有信心的修持，就是持誦蓮師心咒：嗡阿吽班雜咕嚕貝瑪悉地吽。然而，他最大的力量來自對上師極大的虔敬心。這位弟子修持多年，雖然沒有什麼心靈上的經驗，但他的虔敬心堅不可摧，甚至在紐舒·隆托圓寂後還是如此。許多年後，有一次他在柴火上燒茶，突然有個火苗蹦出來燒到他的皮膚，他大叫一聲，「啊喳喳！」通常，習氣與妄念都緊密地黏在一起，使我們無法看見其間的縫隙，智慧也因而沒有機會探出頭來，更不用說凝視相當一段時間。在那突如其來刺痛的刹那，念頭自然停止。一般人會在過後即刻拾起念頭與思緒。

然而，由於這位弟子的福德，他得以脫離念頭並維持七天之久。經由此，他完全轉變了；先前，他很在乎茶怎麼煮才對，例如茶葉多少、水溫如何等細節，他都很講究，但自從火苗燒到他的手之後，泡茶的考究對他毫無意義了。如果有人拿牛糞煮湯給他，他也無所謂。

對紐舒·隆托的弟子而言，一切主體、客體慣常的互動與感知再也不存在，整個世界以一個無法想像而且極其殊勝的向度開展開來。我們在目前所處的這個階段要想像這是怎麼回事，會有點困難；我們只能用言語說說，模糊地猜測它大概如何而已。

轉移智慧

上師—弟子的關係之所以重要，不只因為上師教導弟子而已，而是因為上師能夠賜予加持，能將智慧轉移到弟子身上。上師的這種能力，與其他的善巧或天賦同等重要，他必須具足所要轉移的東西。如果你以一盞燭火轉移到下一盞燭火，第一盞仍然繼續燃燒。在世俗的層次上說，當弟子向上師祈請時，若該上師具足證量、悲心與加持，那麼他就是當之無愧的祈請對象。

大家都熟悉老婦人拿狗牙當佛牙崇拜的故事。這個故事顯示，當虔敬心具足，佛就會現前。所以，從一位當之有愧的上師之處獲得加持，也不無可能。但如果虔敬的對象真正具足智慧功德，那麼顯然的，因緣就更加完美。

在西方，比較沒聽說過梵文所說的guru shishya parampara，也就是「弟子承繼」的傳統。在此所說的是不間斷的知識承繼，由上師轉移或傳遞給弟子。我們所說的與高中老師將數學教導給學生有所不同。

用簡單的話來說，你可以把金剛乘的上師—弟子關係，視為非常高端的師徒系統。但它與其他師徒關係的不同，在於金剛乘上師事實上可以將證悟功德直接轉移給弟子；這就類似弟子是鑄造的素材，而上師是鑄模一般。

扎西．南喬（Tashi Namgyal）是德格一帶的貴族之子，他年紀很小時，家人就將他供養給蔣揚．欽哲．秋吉．羅卓做為侍者。後來，他成為我的第一位侍者。他曾告訴我，在一九五〇年代他追隨秋吉．羅卓到錫金旅行的故事。約莫那個時期，很多喇嘛為了文化大革命而逃難，因此，秋吉．羅卓每天都會問扎西，又有誰從西藏抵達此處了。有一天，當他聽到他親密的友人，既是弟子又是上師的頂果欽哲仁波切也成功逃出來時，他非常欣慰地說：「佛法有救了！」

扎西說，在秋吉．羅卓圓寂之前，他與頂果欽哲仁波切在錫金有過一次長談，不久之後，上師就圓寂了；他說，這時，頂果欽哲仁波切有非常立即而明顯的改變。他說，當上師還在世教法時，頂果欽哲仁波切完全不像我們後來所認識的樣子，之後，他突然變得諄諄善道而且莊嚴尊貴。許多老弟子都明顯地見到他完全轉變了。

尊貴的頂果欽哲仁波切不只領受了欽哲．秋吉．羅卓的知識；上師將「一切」都轉移了給他，包括他的神韻、他的思惟方式。這是偉大上師所具有的能力，而接受者還不一定知道發生了什麼。

在西藏有很多類似的例子。卡瑪．林巴（Karma Lingpa）是最偉大的伏藏師之一，不幸地，由於過去世的業力，他的明妃不盡理想。有一天，他與這位空行母明妃正在一個洞穴中引啟伏藏教法時，需要用竹籤筆將伏藏寫下來。但他手上的筆不

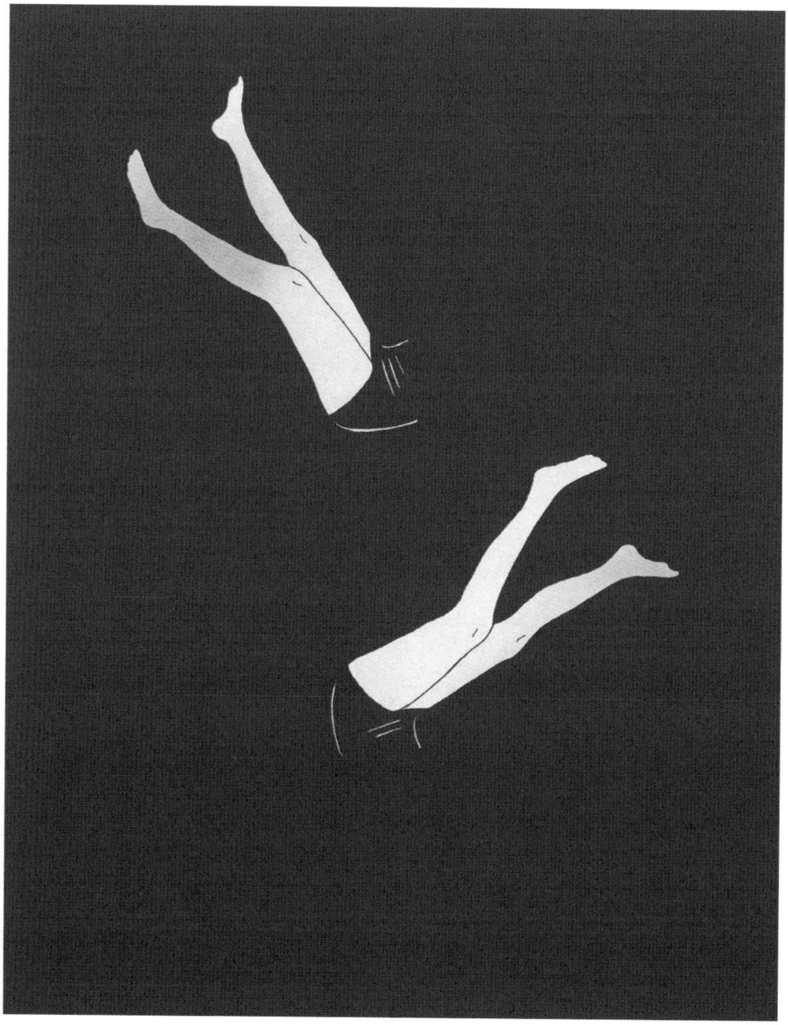
©Ian Dingman

你想要成為被遺棄的人

做為佛教徒，尤其在金剛乘，你的目標不是要融入社會。幾乎是完全相反，你不要融入社會，你想要成為一個被遺棄的人。

夠利，因此他叫明妃把刀遞給他。沒想到她隨便一拋，刀打到桌上，反彈起來正好刺在他的鼠蹊部上，當場血流如注。他一看，知道自己活不了多久，就迅速地把年紀很小的兒子年達．秋傑（Nyinda Chöje）叫來。他的兒子沒讀過什麼書，只是個孩子，一個小混混。

卡瑪．林巴告訴他說：「我要死了，但我還有未完事宜在此。」於是他就把頭頂在年達．秋傑的頭上，祈請了很久，然後就圓寂了。之後，剩餘的伏藏教法就立即被年達．秋傑引啟出來。他並不是處在起乩的狀態，而是一種稱為貢巴頗瓦（gonpa phowa）的遷識法，類似從 Dropbox 下載一般。到今天，由於這個遷轉，我們還能修持並禮敬卡瑪．林巴的文武百尊伏藏法。

我們修持上師瑜伽時，有某些地方與這種遷識類似。但「遷識」或「移轉」的說法有點誤導：這些名詞聽起來好像有某個外在的東西下載到弟子身上去了。在某方面，它是如此；但在另一方面，弟子其實與上師具足相同的佛性。所以它比較像是上師重新點燃了弟子的某個東西，或讓弟子內在的某個東西覺醒過來。上師智慧心的遷轉不應該被理解為某種神韻或能量。在上師—弟子關係中，究竟層次的智慧心遷轉，是無法言說的。

在相對的層次上，上師的心遷轉到你的心，其跡象是你對輪迴事務生起了更多的出離心，對有情眾生生起更多的慈悲心，對上師生起更多的虔敬心，而且你的驕慢一直在減弱。同時，把修持的覺受經驗記錄下來並寫成書的習慣，就像我正在做的，也會停止下來。

一切皆佛

密乘修行者並非由於上師的個人特質、成就、魅力或名聲而崇拜他，它與個人完全無關。密乘修行者必須視每個人都是上師，不僅如此，他還要視一切事物都是上師之形，一切音聲都是上師之音，一切念頭思想都是上師之心。

所以，最後，你對上師的偶像化、諂媚、拍馬屁等，會成熟到讓你也如此地對待每個人，甚至對那些最易激怒你的人，以及任何進入你意識範疇的事物都如此。現在的你，是被外相的顯現征服；當這種狀況開始出現時，你就開始反過來征服並戰勝外向的顯現了。

警語

如果你珍惜佛法，如果你是畏懼業力、畏懼果報、信仰因緣果的人，如果你相信有業債這回事，那麼我不建議你從事上師這份工作。如果你欠缺幫助他人的純淨發心，如果你有鋼鐵般的意志不在乎上述列舉的事，那麼也許從事騙子的工作可以暫時為你帶來極大的利潤。如果你不是一個很成功的騙子，那麼你和弟子可能都不會受太多的苦。但是，如果由於有人欠你業債，因而讓你成功地説服他們追隨你的話，要小心：你，做為上師或導師，無法想像大群弟子的期望與假設所能產生的力量與憤怒，會有多麼巨大。

想要不忽視他人；經常神經緊張地活在犯了忽視他人的錯誤之中；忘了將某人列入派對名單的焦慮；擔心有人心理受到傷害；擔心自己的名譽不佳；苦惱自己的弟子跑去找更好的上師；想讓自己看起來像個清修的苦行者，但你看起來像臃腫多金的黑道習性卻不斷地湧現；最糟的是：完全無法享有一刻的個人隱私，因為千隻眼睛都一直盯著你看，注視你在做什麼，跟誰在做……除此之外，還有所有來自四面八方的情緒勒索，因為基於善意與虔敬心前來的弟子，會把你活活的累死。

5 對於想要成為上師者的忠告

他的名號叫法王
他是個十幾歲的孩子
他帶著勞力士錶
他來自錦鍛的傳承
他的父親人稱仁波切
他的母親是貴族的女兒

如同多波巴．謝拉．嘉晨（Dölpopa Sherab Gyeltshen）在他的一個祈請文中所說的：「願我投生為憂心佛法存滅的人。」要成為佛法老師，應該以這種態度發心。關心佛法的存滅，可以從對有情眾生的悲心以及對佛法的虔敬心看得出來。你應該徹底檢視你的發心。雖然外表看不出來，但我們經常為了提倡自己的想法、自己的價值觀、自己的作為中心，以及自己的傳承才來承事佛法。如果你對佛法缺乏極大的虔敬心，對有情眾生也不具足大悲心，那麼，容許你去教導佛法，就像把武器交給一個聰明的瘋子，對你自己和他人都具有毀滅性。

當你將一切眾生看成如同自己最親近的人，無異於生養你的母親、你年邁的祖父，你弱小的弟妹，這時，就證明了你具足了大悲心。當我們思念這些親人時會充滿情感；想要成為導師的人，對有情眾生也必須有這種既傷感又充滿情感的態度，而且不只是對可憐的流浪狗如此而已，對那些享受日光浴、追求古銅膚色、銀行裡有億萬存款的人也如此。我們仍然可以對這種人具足悲心，因為他們事實上很窮困。他們希求快樂，希望結束痛苦，但他們缺乏正確的資訊。因此，他們不去從事終結痛苦的事，反而適行其反；他們積聚痛苦之因，卻避開了所有的快樂之因。

下面是提供給想要成為導師者思考的一些準則：

- 做為導師，不應該是要人信教的傳教工作。佛教裡沒有增加信眾的傳統或訓令。
- 做為導師的職責，不在推銷自己或強化你的我執。你應該盡量提供資訊，同時隱姓埋名。你可以嘗試不具名去傳授真理，做為我執的對治。
- 你必須隨時準備承認你不知道某些事。而且即使你知道，也最好說不知。
- 特別注意情感脆弱的弟子。他們在你面前會得到某種慰藉；此時要切記：他們並非因為你而得到慰藉；他們是因為你帶著三寶的帽冠，穿著空性的盔甲，住於上師傳承的堡壘，而且提供無上的佛法之故，才得到慰藉。就像演員在演戲；要記住，觀眾來看的是霍默．辛普森（Homer Simpson）①，不是來看你的。

- 鼓勵你的弟子去找其他的導師。你應該為他們得遇佛法、導師與教法而隨喜。你應該隨喜別人在替你做你該做的事。有些導師對失去弟子有極大的不安全感，他們還規定：「如果你接受了這個教法，就不能去找其他的導師。」這明顯地是末法時期的惡兆，比女人生下六隻腳的小孩還糟。

如果你具足了完美上師的一切功德與能力，那就沒有問題。但是，即使在第六、第七世紀的密續典籍上都說：末法時期已到，因此完美的上師不容易出現。如果那個時代就很糟，那麼幾百年後的今天，完美上師出現的機率會有多少？但是，在那些典籍中也說，在末法時期，如果你能遇見即使只具有一、二項功德的人，尤其是如果他尊崇因果定律，對三寶具足信心，你就應該禮敬此人為佛。

我假設所有想要成為上師的諸位，都不見得已經證悟。雖然想像自己已經證悟會帶來某些利益，但這不代表你因此會積聚任何福德。事實上，如果你利用自己的狀態來占他人便宜，將會有最深的業債等著你。

轉世祖古的系統

「祖古」與「上師」現在幾乎成了同義詞，這是很大的錯誤。如同前面所述，上師不需要有任何學位，不需要有「祖古」的頭銜，不需要有尊貴的家族背景，也不需要與某位受尊敬的喇嘛有關。然而，這些關係還是經常出現，因為我們是人，所以常被這些附屬的飾品所迷惑。

上師必須身為模範，奉獻自己來承事佛法，而且具足利益有情眾生的大願。像西藏佛教資源中心（Tibetan Buddhist Resource Center, TBRC）的金恩．史密斯（Gene Smith）就是很好的典範。雖然你可能不會把他想成一位上師，但他為佛法的付出極大。但是在西藏，像他這種人並不被尊崇。

反而，我們有祖古與仁波切，他們升了座，宣稱自己有高等的出生，而且還是偉大上師的化現，這種現象在喜瑪拉雅山區非常普遍。有些小孩宣稱他們記得自己的過去世，還認得出前世的侍者。人們對這些孩子認得出舊鞋子以及一些用具，有一種愚蠢的著迷。事實上，所有這些都無關緊要。這種系統在從前人們不會懷疑而且容易相信的年代，可能還能發生作用，但它不應該存在現今這個時代。它也許還

①霍默．辛普森（Homer Simpson）：著名美國電視動畫的主要角色。

能啟發某些人，可能偶爾能確認某些事情，但在許多狀況下，特別在當今，這種系統只會引起將來更大的問題。

在我的時代，有許多這種孩子的例子。現在回想，他們都在頂果欽哲仁波切、秋林仁波切（Chokling Rinpoche）以及大寶法王等這些威重如山的大德指導下，獲得非常善巧的處理與照顧。例如，目前的涅滇．秋林仁波切（Neten Chokling Rinpoche）年幼時就對一些人事有非常詳細的記憶，而且能說數種外國語言。如果現在的祖古能有他百分之一的能力，他會在臉書、微信和推特上爆紅，還會被送去宣傳之旅，他的父母與侍者會賣門票來讓大眾親睹這個小孩。在我成長的年代，這些特異的事件都被低調地處理；主要是大家不去談它。有些最好的故事都是不被流傳的。但在此，我要破例說一個：

在一九七〇年代，一個陽光和煦的日子，貝瑪．旺嘉祖古前去造訪寧瑪堡（Nyima Dzong）。那是在法國西南部一個古老的聖殿騎士（Knights Templar）堡壘，它位於山顛，四周都是陡峭的石壁。一群人跟著祖古仁波切前往他們這座所謂的「不空成就佛山」，打算將巨大的祈願旗懸掛在一支大木柱上。

上山的途中，有一位同行者的一隻大狗跟著隊伍上來，雖然主人一直叫牠回去，甚至對牠丟石頭，牠還是不聽從，一路一直跟著過來。當隊伍帶著大木柱開始往上攀爬時，突然一陣霧氣從山腳下飄上來，把山下的景色都遮蔽了。

這隊人馬抵達山頂之後，大家就開始四下撿石頭，要把木柱固定起來。這時，天氣開始變化了，一個風暴即將來臨，開始下了少量的雨來；祖古仁波切撐著雨傘，一邊唸著某個祈請文，有幾個人圍繞在他身邊。暴風雨終於到來，雷電交加，就在距離他們三公尺外，現場一支測量隊用的金屬天線突然被雷擊斷。此時，還在撿石頭的那些人心想：「糟糕，我們可能要葬身此處了！」

克利斯欽（Christian）是其中一員。他後來回憶，就在此時他聽到像炸彈爆炸那麼大的聲響，而且感覺到電流通過他的身體，他手上的石頭都掉落在地上。驚嚇之餘，他的第一個念頭是以為自己在作夢。

他抬頭一看，見到祖古仁波切一個人還站在原處，手中還拿著雨傘。他腳下的地上，燒焦的草皮呈放射狀往四方發散。

克利斯欽聽到仁波切的第一句話是：「好過癮！」然後他轉向克利斯欽，說道：「可憐的人！我必須幫助這些可憐的人，快幫我把他們扶起來！」在仁波切的周遭，先前圍繞著他的人都被拋出相當的距離，但是幸好沒人嚴重受傷，除了大狗的主人，他的腳被灼傷，以及那隻狗，死於心臟病發作。

仁波切與克利斯欽抬著那位傷者，一行人下了山。克利斯欽詢問仁波切，到底發生了什麼事，但仁波切只是一直說：「上師的仁慈真奇妙！」後來，他告訴克利斯欽，在西藏有很多人被雷殛，他的父親康究仁波切（Kangyur Rinpoche）知道一個免被雷擊的儀軌，但是他還在西藏時，一直不傳給祖古仁波切，直到後來康究仁波切在大吉嶺定居下來，他才把這個儀軌傳給兒子。然而，大吉嶺不是一個經常打雷的地方，所以祖古仁波切認為這個儀軌其實在西藏才比較有用。

他們上山的那天，祖古仁波切一直強烈的感覺到康究仁波切，好似他就在身邊。當暴風雨快到的時候，他記起了那個儀軌，就開始修這個法。他後來說，他相信康究仁波切就是為了那天的遭遇，才把這個法傳給他。他說，當雷擊的電流通過全身時，他感受到不可思議的極喜。他又說，因為寧瑪堡一直是聖殿騎士的堡壘，因此當地的土地主也許不太高興這些佛教徒前來此處。

我相當確定這個故事沒有多少人聽過。

西藏人是否天選的？

西藏人是唯一上天選來教導金剛乘的嗎？如果不是的話，我們必須開始著手進行將傳承託付給非藏人的巨大責任。直到今天為止，很少有西藏喇嘛能有這種信心。

這種信心的缺乏，是數千年前歷史的重演。當佛教輸出到西藏時，印度人並不信任西藏人。如果上師給西藏弟子秘密教法，或給他任何權柄，印度人就會心生嫉妒。而許多修行者、學者或譯師到印度去學習教法之後，從印度帶回殊勝的傳承到藏地或漢地時，也經歷了異常艱辛的歷程；他們有的在中途死亡，有的必須做出犧牲，甚至也有一些王國因而破產。

我們必須知道心靈傳統極為珍貴。它是最無價的遺產。如果你要退休了，想把價值億萬的事業交付給下一代，你一定會交給真正知道怎麼經營這個事業的人。對心靈人士而言，佛法比價值億萬的事業更有價值。

同時，我們也必須讓法道的追隨者了解，任何人都可以持有傳承，並非只有單一族群或性別才會成功。對不丹人而言，也許聽到某一天有位上師名叫亞力・史塔基（Alex Starkey），或者他們必須向茱莉・雅德（Julie Alder）領受持明總集（Rigdzin Dupa）灌頂時，會感到很傷心，但上師的角色並不限於西藏人而已，任何具格而有知識的人都可以勝任。這必須被說出來，也做出來。

裙帶關係

有一回，我問大衛．麵條，他覺得《熾耀的壯麗》②這本書如何時，他回答說：「噢！你說那本西藏裙帶關係史？！」他也許在開玩笑，但那是真的。在藏傳佛教中，裙帶關係比比皆是。

在各個文化中，父母都為小孩安排婚姻，為了許配孩子給有錢人家的男孩或女孩而做出交易；現在，類似的狀況也發生在轉世祖古身上。寺院毫不羞恥地去找有錢勢家族的小男孩，認證他們為轉世靈童，再培養他們長大賺錢並經營寺院。轉世靈童一升座，裙帶關係就立即開始作用，如果靈童自己不參與，他的親戚們也不會缺席。偏愛循私已經綁架了一般的佛教，而在金剛乘法道上更是如此；三昧耶也因此而破毀。喇嘛的姪兒、兄弟、姊妹、父母等，都有極大的發言權，他們掌握轉世靈童，因而也控制了寺院與傳承。

當然，真正具足虔敬心的弟子，連上師的愛犬也會示以虔敬，對上師的家人當然更會待之以禮，但這是在弟子分析並接受了上師之後的事情。如果某人是好的導師，你當然應該追隨他，但是你要注意：有些喇嘛對裙帶關係有弱點。你能忍受多少裙帶關係？所有這些，理應與引領到證悟的心靈法道一點關係都沒有，但是如果你不小心，它可能會糾纏你。因此理想上，如同龍欽巴尊者所說，看起來遠離親友的喇嘛，應該就是好喇嘛。

話雖如此，有時候你應該像蜜蜂從花中採蜜一般：只接受法教，但遠離政治。

資產

太多的藏傳喇嘛把他們的佛法中心視為資產。有一次我在旅行，遇見幾位西方的佛弟子，他們上師的兄弟正好造訪該處。他們說，上師的兄弟在佛法中心清點物件，看看有什麼可以帶回家去的東西。佛法中心的財物，永遠不應該被視為資產，特別是金鑄的雕像與供杯供碗等。這些不是資產。資產是世俗之物，一旦有人供養了金或銀，它就不屬於任何人，只屬於三寶。

行止

只對業力負責

世界上許多宗教都有階級組織架構，上層組織從各個地方代表的網絡中收集報

②《熾耀的壯麗》：祖古烏金仁波切回憶錄。

告。如果接到有不當行為的訊息，上層就有權力決定如何處置違犯者，例如在教士性侵兒童的例子一般。

有些寺院有自己的階級架構，他們有仁波切、住寺、堪布、喇嘛、阿闍黎，以及一般僧人。無論寺院中有何種系統存在，都是為了因應當地狀況所訂定的，因此它不是佛法。在教法中，我們找不到任何有關佛教徒的管理系統，更不用說如何設立教會或階級組織，或者用民主方式選舉還是其他方式決定才對的指導原則。當然，僧團有行為規範及準則，特別是關於如何對待僧團中的長者，但是對於其中的政治、行政系統或寺院組織，完全沒有任何指示。

如果僧團中有人抱怨，我們並沒有處罰上師的佛教程序。完全沒有一種系統說：「禁止這位上師繼續教法。」金剛乘是完全個人化的，沒有哈里發（caliph）③，沒有沙里亞律法（sharia law）④，沒有黨魁決定誰該受懲罰，誰該受獎勵。如果有任何系統，那就是因果定律。一位上師，如果不是證悟者，他就受業力的影響，因此他的行止會包含自己的懲罰或獎勵。

沒有系統並非是弱點。任何系統都可能腐敗，就像任何的人為之事都可能腐敗一般。當宗教在政治上或金錢上具有支配性的權力時，就有可能欺壓他人。但是如果沒有系統，就沒有東西可以腐化。曾經有許多佛教徒試圖創造規矩與架構，但一般而言，這些企圖對個人修行都會有不好的影響，就像我們在西藏所看到的一樣。

不是一個職業

在專業的範疇中，醫師、教授、心理治療師等，都有嚴格的行為規範，他們都有界線，通常也都立過誓言。規範與規定是強制性的，如果違犯了規矩，執照就會被吊銷。舉例說，心理治療師如果與病人發生性關係的話，被視為是很嚴重的違犯，因為它造成了權力的不平衡。

上師不是一種職業，特別在金剛乘更是如此。它沒有教師訓練結業證書，沒有你可以前往申請做為金剛上師的辦事處，沒有申請表格，也沒有規範手冊。

基督教及許多其他的宗教組織，都建立了內部規定與行為規範，用來避免性侵犯或其他行為。現在，佛教激進派也開始鼓吹喇嘛要有行為規範，避免發生非自願的關係。這是可以理解的，在上師與弟子之間，有太多濫用權勢的事件。行為規範確實可以讓人更有覺知，也更為慎重，但它不能防止這些問題的產生。人們總會找

③哈里發（caliph）：伊斯蘭教的政教合一領袖。
④沙里亞律法（sharia law）：伊斯蘭教法或法律。

到某些方式去操弄行為規範，而且由於規範是由人們所建立與管理的，因此總是會有偏好產生。有了偏見，評斷就會被左右。

雖然一般人都認為權力是在較具優勢的一方，例如醫師或導師，但情況不見得如此。人跟人之間有各種奇怪的遊戲，有時候，是病人使得醫師受害。只要自私存在，遊戲就會繼續。用來進行遊戲的工具，不限於迷你裙或六塊肌，有時，眼淚、紳士風度，以及其他各種東西都可以用來操弄情況。因此，心理治療師的行為規範用來保護病人，同時也用來保護治療師。

但是上師—弟子的關係，比治療師—病人的關係複雜很多，因此規範必須對每個人都合宜才行。一個重要的區別是，心理治療師是一種職業，但上師不是，而且永遠不應該是。它不是「謀生」之道。我們應該為佛法而活，而不應該利用佛法來謀生；這是所有可能發生的最墮落、最危險的事。

心理治療師不需要關心病人此生之後幸福與否。他們不需要考慮業報與轉世，更不用讓病人從輪迴中覺醒。因此，兩者的見地有所不同。同時，兩者的目標也不同：治療師想要培養達成的「健康」與「正常」，可能正好是上師想要根除的。

我並不是反對心理治療師，或反對靈氣療法或水晶療法，這些東西會有幫助。如果弟子頭痛，他就應該吃藥，但他必須了解這只能暫時解除痛苦而已。相同的，在今天這個時代，心理治療很有助益。現代社會的一項痛苦，就是人們非常缺乏自信心，在某些狀況下會造成真正的障礙。極度缺乏自信心的人可能無法理解或欣賞金剛乘的淨化修行，因為他們認為自己已經無可救藥。

達那麗絲（Daenerys）是我的弟子，因為從小被父親性侵，她對我有一種複雜的感覺。她對她的父親既愛又恨，一方面渴望父愛，另一方面當然也痛恨他對她所做的事，而且她又因為喜歡受到父親的關注而厭惡自己。她視我為導師以及父親的形象，然後情緒就會開始失控。她相信我，也想要擁有我的注意力，但她會習慣地用一種扭曲的性能量來讓我注意她。這一類的精神感官症及其複雜性，是十八世紀的喇嘛不需要處理的問題。所幸，達那麗絲去看了心理醫師，幫她把這些感覺消除了，因此我們才能避免隱患，開始有比較直接的弟子與導師的關係。

西藏人必須了解社會在改變，人們有新的溝通方式。特別在西方，人們現在有更多審視的機會，這要歸功於資訊時代的來臨，每個人都成了監督者；因此，我們現在聽到比以前還多的教士性侵兒童或印度女性的掙扎等案例。印度長久以來就是一個恐怖的強暴環境，但因為許多婦女一直沒有發言權，所以直到最近她們的狀況才開始被揭露出來。若是這種審視聚焦到西藏寺院，有人因而被發現西藏人有相同或更大比例的性侵的話，也不會令人驚訝。在大多數的亞洲機構或組織中，由於精密的否認與隱匿的系統，你可以確定很多事情都因為大家保持緘默而被掩蓋住了。

你不曾聽見中國政治局的門內發生了什麼事情，但在美國白宮裡所發生的任何事情，經常即刻就上了晚間新聞。

但這種秘密性已經在改變，它可能是一件好事。但這並不表示一夜之間大家的行為就突然規矩起來。決心要做某件事的人，總是會找到聰明的辦法去得到他想要的東西；藏傳喇嘛虐待或性侵男孩或女孩的諸多例證，可能還會存在。

透明度

以物質做為供養，或提供自己的時間或精力來表達謝意或感恩，是人之常情。雖然布施、出離或降服都是弟子非常重要的修持，但接受供養的上師必須極度謹慎。

佛教的基礎之一「八聖道」，就是正見、正思惟、正語、正業、正命、正精進、正念與正定。正業的意思是以不傷害他人的方式謀生，同時，不論直接或間接的，也不欺騙他人。在律藏中，佛陀詳盡地解釋了什麼會構成欺騙。舉例說，排隊等待食物分配的比丘，不應該把青菜藏在米飯下面，讓配菜的人以為他還沒拿到青菜。

許多過往的大修行人，都祈願他們不要變得有名望、有權勢或有影響力的法座持有者，因為這些身分會牽涉到一些危險。其中最危險的，就是收受許多優惠與禮物，例如最佳的座位、最先拿食物等。想要成為上師的人，由於這種身分而產生誤判或得到好處的話，是比殺生、偷竊或邪淫還糟。如同前述，有個藏語叫 Kor⑤，巴楚仁波切在《普賢上師言教》中說，它是摧毀喇嘛與仁波切的一大主因。雖然殺生與偷竊都是明顯的惡行，但是因為供養是法道上的善行，因此 Kor 被視為是一種既狡猾又微細的欺騙。要我們放棄殺生或吸菸比較容易，因為殺生或吸菸不是必要的，但要節食比較困難，因為我們多少都要吃一點東西。相同的，要喇嘛完全摒除一切優惠很困難，高階喇嘛每天得到某種好處的機會相當高。

未來的導師們需要特別謹慎。當導師覺得他為了寺院或佛法而需要某些特定的東西時，濫用特權就很難避免。這些看起來都是為了佛法的需要，卻經常是他的貪心與濫用的偽裝。最糟的狀況下，由於施主虔敬捐獻，指定用在建造佛學院或寺院建築的供養金，被拿去興建喇嘛姪女在德里小拉薩（Majnu Ka Tila）的餐館，或去投資一塊在加德滿都的地皮，以致於喇嘛的姪女可以去昌迪加爾（Chandigarh）上私立學校。最後這個姪女長大了，對佛法完全沒興趣，終日找尋有錢的丈夫，想要做生意發財。

某種具透明度的系統可能行得通，也可能行不通。現代文化在商務上提倡透明

⑤Kor：意即收受供養卻不感恩。

化，而且西方的罪惡感也提倡開誠布公，但這不是亞洲的領導人所習慣的，在寺院中更非如此。亞洲的方式是隱匿、模糊化、要面子。亞洲人甚至會為了芝麻小事而逃避或說謊，甚至連他們看足球上癮也要隱藏。

但是，說謊有它的利益，它不一定是全然欺騙。而且，透明度雖然是好事，卻不見得能帶來保證。終究，透明度還是世俗的作法，但沒有任何一種世俗方法是完美的，它可能帶來不和諧。有時候過分追究一件小事，可能會造成所有其他事情的損失。

從前有個父親，他的孩子幾近白癡。有一次父親在睡覺，一隻小蒼蠅飛到他頭上停了下來。兒子想：這隻蒼蠅在干擾父親休息，於是拿了一把斧頭去打蒼蠅，結果把父親砍死了。類似這種的過猶不及的事，是有可能發生的。

在究竟的層次上，透明度不適用於金剛上師身上。如果有些喇嘛提倡可信度，他們只是為了取悅一般聽眾而這麼說說而已。在密乘中，上師並不對弟子負責，他只對自己的業力負責。透明度不是密乘的責任。

接受供養

我們應該把一盧布（rupee）的供養，視為慷慨布施的範例。心想：「這有多麼殊勝！」而且鼓勵、讚嘆這個行為，並迴向其福德。然後第二天，如果你有勇氣接受一百萬美元，你要心想：「嗯！這並不真正足夠。」這會幫助弟子見到佛法，而不是見到數字。

有些佛法的導師，特別是來自西方的，當他們與弟子在餐廳吃過飯後，遲遲不肯拿出荷包來；這種一副弟子應該幫他付錢的態度，實在不太能令人接受。即使最後大家均分帳單，他們也等到最後才付，所以可以分擔得最少。這種行為顯示出應該啟發他人的，自己卻缺乏尊嚴。如果你教導的是商業或數學，那就沒那麼重要，但你在教導的是心靈修持，那麼，由於付錢吃飯牽涉到慈悲、布施與福德，因此你對自己的行為應該非常謹慎。

錯誤的維生之道的症狀

吉美．林巴列出了錯誤的維生方式。如果你有這些症狀的話，那麼可能你不應該做為上師：

- 雖然你可能不會直接開口要東西，但是在可能會資助你的人面前，你向他暗示你的需要；同時，你還隱藏自己的財產與金錢，讓人不知道你有多富裕。
- 你在大眾面前稱讚過去的施主，希望未來的施主可以布施得更多。

- 你給某人少量的供養，心裡算計著他會給你恰當的回報。
- 你在大眾面前鉅細彌遺的陳述你做了多少聞、思、修與苦行，你捨棄了多少東西，拯救過多少性命，從事過多少善事，修持過多少薈供，資助過多少寺院與佛像的興建等，做為積聚更多供養的手段。
- 你對一位可能的施主大加讚揚，為了是要他給你供養。
- 你在大眾面前表現出完美的平和溫祥、德性高超、禪定力強，雖然你實際上與這些功德相差甚遠。
- 你裝作非常誠實，為的是累積供養與名聲。
- 你假裝已平息世間八法，然後你又裝作驚世駭俗，讓人以為你毫不虛假，直話直說，用此做為積聚財富的方法。
- 你告訴某位施主，其他的施主供養了多少，讓他不得不供養一樣多，或者更多。
- 你假裝謙遜，宣稱不值得大家供養，做為積聚財富的方式。

這些都是輪迴的毒藥、輪迴的染污，以及造成輪迴的原因。希望獲得解脫的人，必須用盡辦法，也要遠離這些錯誤的維生之道。

了解你的聽眾

在你坐上法座之前，你對當地的生活方式、文化、法律、規定與心理狀態，都必須先有充分的了解才行。

許多今天的老喇嘛，他們成長在一個可以接受女孩子十三歲就懷孕的國度裡。在他們家鄉，人們十二歲就結婚了。但是，雖然這些事情在家鄉可以被接受，當他們到了西方國家時，就必須知道不可以對十八歲以下的人提出性方面的要求。

特定文化中的弟子會傾向什麼反應，你也必須有所準備。我曾看過有些弟子，雖然喇嘛並沒有刺激他們，他們卻對喇嘛大發脾氣；而且，當他們得不到想要的東西時，會誇大其詞而且變得非常戲劇化，編造出一些故事。而這些說法通常會被接受，因為一般人比較容易同情那些看起來是受害者的人。

如何教導

修行佛法的唯一目標，是要解脫自己，以及解脫一切有情眾生；目標絕對不應該是成為佛法導師。但在今天，在需要宏揚佛法的前提下，有關佛教導師訓練的議題此起彼落。然而，有幾件事必須要提醒大家注意：

如果你要種一片證悟之樹的樹林，你首先要有土地才行。要讓土地肥沃，你就必須有紀律與精進才行。善巧的上師必須找到方法去鼓勵並啟發弟子，依其各自的根器去持守紀律。

即使上師學富五車，他還是應該讓弟子了解學習無止境。尊貴的頂果欽哲仁波切就不停地研讀經書。雖然他已經是飽學之士，但還是顯現出想要得到更多教法的渴望，甚至常常謙遜地問問題。他為我們做了最好的示範。

上師必須德行清淨，但他也應該散發出輕鬆開放的特質，絕對不要造成弟子們的自卑情結。

上師的任務是讓弟子不要墮入陷阱。如果弟子墮入空性的見地，善巧的上師應該囑咐弟子修持內觀，或甚至幼稚園程度的教法。同樣的，如果上師注意到弟子對儀軌的所有細節變得愈來愈挑剔，就應該鼓吹見地的修持。

如果上師遇見真正想要修行，而且具有真誠出離心的弟子時，上師就不需要使用太多複雜的文字、詞彙或語言。如同西藏人所說，上師應該「像鴨子把牛奶分出來」一般（西藏人相信，如果你將牛奶與水混合，鴨子只會喝掉牛奶而留下水）。換句話說，上師應該開門見山，直接說到重點。

教法時，應該讓現場的氣氛具有啟發性，譬如準備優美的供養物，或甚至一個法座，但你不應該吹毛求疵，否則弟子與上師都會為了這些配套用品而浪費太多時間。

教法時，你應該經常引用過往上師說過的話。有許多現代的導師顯現出一副真諦是他們發明出來的態度，這種行為必須停止。這種驕慢會產生更多的驕慢，而且製造出一大堆對智慧源頭完全不尊敬也不感恩的人。有驕慢之處，就找不到謙遜；沒有謙遜之處，就沒有證悟的機會。

分析弟子

你在同意成為某人的上師之前，應該先分析你的弟子，就像他們分析你一般。即使弟子似乎是帶著極大的熱誠與豐盛的供養前來，你也應該去分析他們，甚至在這種狀況下，你還應該特別去分析他們。當然，理想上你可以用遍知來分析，但是由於大部分想要成為上師的人都不具足遍知，因此你必須花點時間，對弟子有些基本的了解，這是唯一的辦法。如果你不能花時間，至少要像面試一般地詢問重點。即使在世俗的工作上，準員工也需要跟老闆坐下來面試，做個背景調查；因此，要令一切有情眾生證悟這麼重要而特別的工作，更應該有面試與背景調查才對。

你可以像父母對小孩一般，看看弟子是否對善念與善行有興趣。舉例說，父母親為了訓練小孩布施，可以先給他們一些東西，讓他們布施給乞丐。這種方法可以造成影響，而且在他們的心中留下印象。上師先加以觀察，然後再創造一些因緣讓弟子藉由供燈、禪定、受戒或尊重他人等，來增加善業：特別是密乘修行者的話，教導他們珍惜本尊，以及珍惜空性的廣大見地。

豐富性與多樣性

上師最好能夠給予多樣性的教法，不要總是強調同樣而唯一的主題。如果多樣性不好的話，佛陀就會重複教導同樣的主題；但他以無數的方式，教導了無數的主題。現今，許多弟子一開始就想要大圓滿或大手印的教法，上師也知道這是市場所在，所以即使他對大圓滿或大手印了解不夠，也欠缺體悟，他還是只教導大圓滿或大手印，而完全不開示其他的主題。如此一來，其他基礎的教法就因為需求愈來愈少而逐漸被忽略，終究完全消失。有多少人能夠不具備出離心與慈悲心的基礎，而了解高深的大圓滿法？所以，不論你用什麼方法看，我們終究會失去佛法的豐盛性與其無盡的財富。

上師必須善巧地逐步引導弟子，在教法上由淺入深。在密續經典上一再強調，從一開始就應該給予弟子所有的基礎教法，從聲聞乘到大乘教法，再到事部（Kriya Yoga）、行部（Charya Yoga）以至阿努瑜伽。如果你過早分享深奧又直接的教法，那麼不僅違犯了傳統的規矩，還可能讓弟子生起恐懼與迷惑，甚至有可能因而放棄佛法。你犯的這個錯，可能造成弟子產生錯誤的想法與見地，在未來非常難以去除。

即使弟子對佛法有所了解，也只是局部性的；對於最高深的教法只有局部的理解非常危險。局部理解究竟真諦，會造成一切善念或善行的饑荒或絕滅。弟子們會懸吊在最高教法的局部見地上，瞧不起類似供花或繞佛等的所有善行。基本上，你會令他們乾涸。他們會低估因緣果的力量，因而墮入惡趣。由於這個原因，佛陀曾告誡大迦葉尊者：執著於空性，比起執著於如山一般大的我執更為嚴重。

佛教已經逐漸成為正念、快樂與非暴力的同義詞，這是另一個危險。許多人以為這就是佛法的全部。一談到正念，他們馬上想到安坐於座墊上，盤腿坐直。這種想法會摧毀佛教。如果我們只去強調方法，其他的東西就會開始腐壞。像不好的蘋果一般；腐壞一個，整批都會腐壞。龍欽巴尊者在十二世紀就看到這種危險。他說，如果這種退墮產生，就像把牛奶倒入未曾窯燒過的陶土罐一般，罐子會化掉，牛奶也壞了。

因此，教法的豐盛性與多樣性很重要。否則，如果正念運動（mindfulness

movement）在美國流行不起來，他們就會把嬰兒與洗澡水一起倒掉⑥，完全不認為佛法有任何價值。這會是極大的損失。

六度

如果導師用心在下列的事項，佛法的教導就包含了六度：

- 以慈悲心自在地傳播佛法，是最上乘的布施。
- 沒有傷害他人的意圖，不具有門戶的偏見，也不因為想要引人注意或改變他人的信仰而教導佛法，是圓滿的持戒。
- 不對智識駑鈍的弟子感到厭煩，不由於時間的條件或狀況感到疲憊，是圓滿的安忍。
- 教導空性、慈悲等主題時充滿歡喜心，是圓滿的精進。
- 在開示中不散亂，不被錯誤的動機或不恰當的主題分心，就是禪定。
- 了知一切開示與聆聽的行為都如同夢幻、如同海市蜃樓，就是智慧。

菩薩的四大功德

想要成為導師的人，應該具足佛陀教導菩薩的「不可或缺的四大功德」：

- **布施**：不斷地布施，不論是物質的禮物，還是空間、時間、護衛或資訊皆可。導師的基本特質應該就是布施。
- **善語**：避免使用傷害性的言語。不要因為新進弟子——舉例說：不吃素——而斥責他們。同時，也要避免任何批判心。
- **準確的指導**：應該根據弟子的需要去提供適切的指導，並且依弟子的根器、背景與文化而做調整。細心地逐步帶領，不要在見面三十分鐘後，就叫弟子做前行或三年閉關，而把他們嚇走。
- **適切的行為**：若是你的行為無法遵循佛陀見、修、行的教法，那麼你就完全失去重點。如果你縱容弟子的所想與所欲，那麼你只是在娛樂他們而已，而不是在提供通往證悟之道。因此，行止要依教法，修持要依所教。

⑥英文諺語。意指良莠不分，把好的與壞的東西全部拋棄。

調伏自心

在教法的時候，可能會有情緒或心理上的期待與恐懼生起，這不只在弟子身上發生，你自己也可能如此。心靈導師與弟子之間，幾乎一定會發展出情感上的關係，特別是當導師很會教導、鼓勵或糾正弟子時。一般而言，人們自然會尊敬導師，而那種尊敬會轉成其他溫馨的感覺。但是許多心靈導師並未準備好自己要超過只是提供資訊的角色。還無法調伏自心的導師，面對著牽涉許多情感的師生關係時，可能就無法承擔起這種責任。他們可能會為了很小的成就而過度興奮，成就是非常令人麻醉而著迷的。在任何情況下，特別是導師們，絕對不能想要重溫自己的成就。

假設「最佳」狀況

不同的文化對於聖人有不同的期望，但一般而言，大都與簡單清欲的生活有關。西方的神父與聖人以及東方相似的角色，通常都被形容為戒行清淨者，釋迦牟尼佛也是如此。但是，釋迦牟尼佛以其化身（nirmanakaya）示現，是為了他的平民信眾。對摩揭陀國的鄉下人來說，如果真理來自一位純淨出家人的口中，而不是來自一個油滑商人的嘴裡，他們就可以接受：也因為如此，佛陀不戴鑽戒，不穿黃金做的拖鞋，這種外貌是他的法乘。只有密續的持明上師，才會以報身示現，配帶耳環，擁抱佛母，過的完全不是簡單清欲的生活。

當上師這個觀念移植到西方時，有些東西在翻譯過程中失去了。因為長久習慣於聖人就是應該服務社會的僕人，一如警察或護士，上師被認為也應當如是。但是金剛上師並非社會僕人，上師也不應該被誤認為印度學者或教士，後者的工作是執行宗教儀式、占卜星象、婚姻顧問等事宜。一位印度教學者也許會想要有更好的下一世，但他無法消除我執，創造出此生即能證悟的條件。

如果你看看許多藏傳喇嘛的生活方式，他們都離清戒的生活很遠。難怪金剛乘常常引來異樣的目光，而且不只現在，從一開始就如此。金剛乘的上師當然也會受到檢視。更有甚者，比起以前，似乎現在有更多的騙子。但是，即使佛陀在世時，也有宗教騙子。許多喇嘛生活奢華，住華宅，開洋車，進出昂貴的餐廳。他們有男女關係，甚至同時跟很多女人在一起。在佛教徒的眼光中，大部分的這些人可以被視為是淫亂的。

即使金剛乘接受某種程度的放蕩與放縱，這些還是很難令人接受。但沒有人知道菩薩住於何處，他們很可能就在娼妓之中，也可能化現為縱慾的喇嘛；相反的，魔鬼也可能化身為一如迦葉尊者的清淨比丘。

但是做為普遍性的規矩，縱慾不是好的模範，對一般人也沒有幫助。

方法及程序

做為上師，你應該以正確的態度與發心，謙遜地坐在法座上，並如此思惟：「我要讓眾生具有佛法之眼，我要點亮智慧之燈，我要延長佛法的壽命。」如果你教導佛經，你應該思惟自己就是釋迦牟尼佛。如果你教導密乘，你應該思惟自己就是金剛總持。如果你教導大圓滿，你應該思惟自己就是普賢王如來或佛母。如果你教導空性，要觀想自己為般若波羅密多。這些是佛陀在《白蓮經》（*White Lotus Sutra*）中的指示。

偉大的上師教法時，都先對自己的上師做冗長的祈請。我們可以學習這種態度。他們祈禱的是希望教授成功，意即至少教法可以在聽聞的人心中種下習性的種子，可以令聽聞者生起慈悲心與菩提心，可以讓聽聞者獲得正確的訊息，因而啟發他們，讓他們付諸修行。

對上師與傳承的冗長祈請文之後，上師會召喚任何想要聽聞佛陀聖法的眾生前來。「任何眾生」不必然指的是人類。任何天人、鬼魅、阿修羅或任何其他眾生，只要是對慈悲、緣起、智慧有興趣的，都歡迎前來仔細聆聽。

接著，導師提醒聽聞者與說法者；教授與聽聞佛法的發心，應該是要利益一切眾生。

這些步驟都非常重要，而且重要的是要記住：佛陀的教法是用來令眾生證悟的，而非用來教育的。

現代的導師應該經常講述諸佛菩薩以及過往上師的生平故事，但也不要花上大半的教法時間，講述一些奉承諂媚的故事。

如果你在咖啡館、公園或公共汽車上給予重要的教法時，這些程序就可以略去。有些教法在輕鬆的氣氛下比較適合。但不論你在何處，總是可以保留某種傳統。假設你在某個客廳或寺院中，你可以坐得稍微比弟子高一點，放置一尊佛像，布置一些簡單的供養，創造出恰當的氣氛。在教授開始之前，依據弟子或傳承的不同，你可以加上某些步驟，例如唸誦祈請文、讚頌佛陀、生起慈悲心，或者向佛像或你的法座頂禮。這些都是人為的，但由於我們都非常依賴因緣，這些作法可以替導師與弟子帶來莊重的氣氛。

教法快結束時，你應該將闡述佛法的福德迴向，而且以深刻的感恩之心如此思惟：「這都是來自我的上師與傳承的加持」，「我所有教導的內容，都是佛陀所開示過的」。要感恩有許多人前來聽聞，視他們為你的道伴，視他們是增長這個殊勝事業的助力。如此，你感恩僧團與法友。如果你所教導的是無止盡的密續，要讚頌空行母與護法的加持。最後，要感恩你的父母，讓你擁有這個身體。

結語

糾纏在金剛羅網中

上師之所以如此重要，與我們所謂的金剛身、語、意有關。每個人的身體是金剛身，言語是金剛語，心意是金剛意。這些金剛需要被發覺、證得、成熟或解碼，它們必須以三金剛作用，才能完成其潛能。目前的狀態，我們深陷於一個非常精密而且糾纏住三金剛的羅網當中，使得它們無法達到完整的潛能。

做為人類，我們有無中生有的習性，包括我們的名字都是如此。舉例說，如果你把小孩叫做「鮑伯」（Bob），鮑伯就成為更堅實的個體，而且你就陷入那個標籤當中。男廁所的存在，一再地向我們重新確認性別的標籤。你手中的這本書、包包裡的筆、你的價值觀、你的相貌、窗戶、你的洗髮精，任何我們認定有大小、顏色或形狀的東西，所有的這一切，都是令你的身、語、意深陷其中的羅網。三金剛無可摧毀的本性完全陷於這張羅網之中，因而無法作用。

在任何時間，身、語、意三金剛都隨時都現前，但這張羅網使它們無法完全顯現。如果將它們解脫，「身」可以超越高度、顏色、重量以及健康狀態；解脫的「語」，不會有誤解或溝通錯誤的負擔；「意」如果成熟到完整的金剛潛能，就永遠不會分心散亂，永遠不會被概念想法所糾纏，它可以免於執迷與偏見。

舉例來說，我桌上的杯子是金剛身的一部分，但是由於這張羅網，我們對它只有非常有限的視野。我們無法視其如宇宙一般大，因此我們無法將整個宇宙放在一個小杯子當中。類似地，語言、象徵以及其他溝通的方式都是金剛語，而任何明覺或覺知，任何主體與客體之間的互動，都是金剛意。但是由於這張羅網，我們深陷其中，金剛身、金剛語與金剛意都無法作用。由於文化、教育以及所有一般的習性，我們無法作用為本尊。

密續介紹了見地、本尊與上師來拆解這張羅網。無論你對見地有多少理解，很可能還是停留在智識與概念上的理解而已。本尊幾乎只是一個概念。但上師是可以掌握的。在你染污的心中，上師與你面前的桌子一樣，都在那裡。但是，如果你有強烈的景仰與虔敬心的業緣，那麼，上師是你能夠擁有的最好的染污。這個染污有力量讓你的染污完全解碼。

上師在中陰

在你一生中最關鍵的時候，也就是臨終以及死亡後的中陰時刻，你會發現上師虔敬是最實用、最容易上手、最容易記得的工具。如果你沒有足夠的修行，或者欠缺足夠的智慧與福德，因而無法在離開身體之前獲得證悟的話，那麼你就必須延續修行的狀態，試圖在死亡當下的時刻獲得解脫。然而，當五大與粗重意識融入法性（dharmata）的狀態時，如果你的修行太微弱而無法讓你認知法性，那麼自然的，你就會反彈回來。此時，對主體與客體的感知會開始生起，妄念會開始飛旋，你也會再度地開始經驗到中陰身所有的景象、聲音與特質。在這種情況下，做為修行者，如果具有足夠的堅定與信心，你還是有機會證得證悟。但是做為中陰眾生，你想要尋找蔽護之處的力量會很難抗拒，你會迫切地想要投生，想要擁有參考點的舒適感。但是即使在這種狀態下，如果能藉由稍微憶念起你所做過的修持，這種力量還是有希望讓你獲得較高的投生，或者抵達較佳的蔽護所。

在中陰階段，如果你無法憶起在此生中所熟悉的智慧與方便，至少試著去憶念見地、本尊與上師。但是，在中陰階段異常不確定的混亂之中，要憶念起見地以及本尊精微的細節，就像在白天要看到星星一般，機會相當渺茫。

因此，只有上師，才是最容易憶念的參考點。藉由憶念上師，你可以掌握證悟的狀態或中陰的任何其他階段。即使所有的這些階段都一一流失，當你進入下一生的母胎時，藉於憶念上師，你就可以重新擁有正確的發願、良好的家庭與良好的佛法之舟。

◆

能有福德獲得聖者的指引是無可比擬的；這比身為國王或皇后的福德還大。即使你不經常修持，只要在心中祈願希望能夠經常修持，經常擔心自己無法修持，你都比大部分在世俗上成功的人要好的多。如果你努力生起對他人仁慈、令一切有情眾生皆得證悟的發心，那就更無可比擬了。你已經超越了任何其他宗教或心靈系統所能做的一切。

——吉美・林巴

致謝詞

不論是好是壞，這本書在二〇一四年巴西世界盃足球賽緊張刺激的競賽中孕育而成；其後在我編寫劇本、前製，以及拍攝《嘿瑪嘿瑪》的過程中完成初稿，然後在不丹塔奇拉（Takila）給予大寶伏藏（Rinchen Terdzö）灌頂的前期全部完成。有許多人貢獻了他們珍貴的時間、精力、心力及虔敬心，才讓這本書得以完成。如同我的第一本書《近乎佛教徒》，我要感謝 Noa Jones 女士，她的努力、投入、批判的眼光與心血，再度了完成了最艱難的編輯工作。我也要感謝許多不同領域的朋友與專家們，包括尊貴的 Bodhi 比丘、John Canti、Wulstan Fletcher、Raji Ramanan，以及姚仁喜。感謝 Debbie Smith 的美術指導，以及 Vladimir Vimr 及 Premola 的設計，還有所有捐贈了照片的藝術家們。感謝謄寫者 Andrew Munro、Wendy Layton，以及 Shelley Swindell。感謝所有的評閱者，包括：Maysoon Al-Suwaidan、Gyurme Avertin、Chime Metok Dorjee、Catherine Fordham、Claudia Herr、Casey Kemp、Connie Moffit、Philip Philippou、Jennifer Shuping Qi、Pulad Tavakolipour，以及 David Tracey。還要感謝說故事的人：Bella Chao、Cangioli Che、Amelia Chow、Linda Coelln、Ji Si Da、Greg Forgues、Anja Hartmann、

Lynn Hoberg、Cecile Hohenloe、James Hopkins、Chris Jay、Jane Jiang、Daniella Kwok、Jakob Leschley、Jacqui Merrell、Larry Mermelstein、Connie Moffit、Christina Moses、Linda Page、Maira Rocha、Kelly Roberts、Alix Sharkey、Yang Tong、Jodi Vernon、Benny Wang、Mal Watson、Doris Wolter、Jesse Wood、Jennifer Ye、Punyatara Yin，以及 Joy Zhu。最後，還要感謝 Shambhala 出版社的 Victoria Jones，以及 Nikko Odiseos。

©Cecile Hohenlohe

劇終

圖片出處

Page8 — Philip Garner, *High Heel Roller Skate*, 1986
Page21 — Josef Schulz, *Weiss Dreieck*
Page27 — Michal Jerzy, *Untitled*
Page39 — Dan Fantom, *Rat on the Cat*
Page42 — Sarah Lucas, *Deep Cream Maradona*, Venice Biennale, British Pavilion, 2015
Page45 — Dove Bradshaw, *IV Nothing Series I*, 1989, Art Institute of Chicago
Page63 — Sandstone Buddha, courtesy of the Metropolitan Museum of Art
Page74 — Marina Genadieva, *Golden Bananas*
Page78 — Kechun Zhang, *A Buddha Head in a Coal Field, Ningxia*, 2011
Page80 — Norbert Schoerner, *Map with Light Blue Glove*
Page84 — Javier Biosca, *Untitled*
Page118 — Ueli Alder, *Untitled Detonation #8*
Page133 — Alberto Polo Iañez, *Untitled*
Page138 — Antonio Polo, *Barley Field*
Page139 — Junya Suzuki, *Bamboo Lantern Festival, Yokohama #7*
Page163 — Masao Yamamoto, *Nakazora #1254*
Page171 — Petr Balíček, *Zkoumáaní krychle*
Page186 — *Buddha Seated in Meditation*, courtesy of the Metropolitan Museum of Art
Page190 — Zi Won Wang, *Pensive Mechanical Bodhisattva*, 2010
Page191 — Artist Magnus Thierfelder, *Cloud Puddle*
Page194 — Origami Yoda by unknown artist
Page197 — *Homeless* by unknown photographer

Page211 — Nicola Delle Donne, *Bracciano Lake, Italy (January 2014)*
Page218 — Sam Droege, *Bee Covered in Pollen*
Page220 — Allen Hill, *Zorka*
Page224 — Yosigo, *Untitled*
Page225 — Rudolf Stingel, Buddha series
Page232 — Hengki Koentjoro, *Ballet*
Page233 — Michael Johansson, *Toys R Us*
Page234 — Jaap Scheeren, *Cut Shaving*
Page235 — Candace Fladager, *Fog*
Page236 — Tito Mouraz, *Open Space Office*
Page237 — Kechun Zhang, *A Man Standing on an Island in the Middle of the River Shaanxi*, 2012
Page238 — Bahman Farzao, *Fertile Country*
Page239 — Ekkehard Altenburger, *Mirror House*
Page244 — *Kangra Dakini* from a temple wall in northern India, photo by Emily Crow
Page246 — Patty Carroll, *Untitled*
Page248 — Shamus Clisset, *Raining Knives*, 2014
Page256 — Kintsugi by David Pike
Page263 — Steph Gillies/sorryimworking, *Trash and Treasure*
Page275 — Graham Caldwell, *Composite Eyes*, photo by Abigail Volkmann
Page276 — Pavel Büchler, *The Castle*, 2005-15, courtesy of the artist and Tanya Leighton Berlin
Page278 — *Sedan Crater*, courtesy of the U.S. Department of Energy
Page279 — Ryan Kitson, *Two Balloons*, 2010
Page289 — Robert Montgomery, *All Palaces Are Temporary Palaces*, 2013
Page296 — Ian Dingman, *Falling Through Night*, 2009
Page302 — Premola Ghosh, *His Name Is Tulku*
Page340 — Cecile Hohenlohe, *The Guru Is Everywhere*

本書作者及譯者之版稅全數捐助慈善機構

國家圖書館出版品預行編目 (CIP) 資料

上師也喝酒 ?/ 宗薩蔣揚欽哲諾布 (Dzongsar Jamyang Khyentse Norbu) 著 ; 姚仁喜譯 . -- 二版 . -- 新北市 : 橡實文化出版 : 大雁出版基地發行 , 2024.01
344 面 ; 17×22 公分
譯自 : The guru drinks bourbon?
ISBN 978-626-7313-92-3(平裝)
1.CST: 藏傳佛教 2.CST: 佛教修持
226.965 112021968

BA1037R

上師也喝酒？

The Guru Drinks Bourbon ？

作　　者　宗薩蔣揚欽哲諾布（Dzongsar Jamyang Khyentse Norbu）
英文編輯　Amira Ben-Yehuda
譯　　者　姚仁喜
責任編輯　于芝峰
協力編輯　洪禎璐
內頁排版　宸遠彩藝
美術設計　方雅鈴

發 行 人　蘇拾平
總 編 輯　于芝峰
副總編輯　田哲榮
業務發行　王綬晨、邱紹溢、劉文雅
行銷企劃　陳詩婷
出　　版　橡實文化 ACORN Publishing
231030 新北市新店區北新路三段 207-3 號 5 樓
電話：（02）8913-1005 傳真：（02）8913-1056
E-mail 信箱：acorn@andbooks.com.tw
網址：www.acornbooks.com.tw

發　　行　大雁出版基地
231030 新北市新店區北新路三段 207-3 號 5 樓
電話：（02）8913-1005 傳真：（02）8913-1056
劃撥帳號：19983379 戶名：大雁文化事業股份有限公司

印　　刷　中原造像股份有限公司
二版一刷　2024 年 1 月
定　　價　550 元
I S B N　978-626-7313-92-3

大雁出版基地
www.andbooks.com.tw